المجتمع العربي المعاصر
المقومات والانماط والثقافة
"دراسة تحليلية نقدية

المجتمع العربي المعاصر

المقومات والانماط والثقافة
"دراسة تحليلية نقدية"

تأليف
الدكتور حسن علي خاطر

٢٠٠١

رقم التصنيف : 307.10956

المؤلف ومن هو في حكمه: حسن علي خاطر

عنوان الكتاب: المجتمع العربي المعاصر

الموضوع الرئيسي: 1- المجتمع المدني

2- البلدان العربية

رقم الإيداع: 2001 / 8 / 1735

بيانات النشر : عمان: دار الشروق

● تم إعداد بيانات الفهرسة الأولية من قبل المكتبة الوطنية

ردمك ISBN 9957 - 00 - 162 -0

● المجتمع العربي المعاصر (المقومات والانماط والثقافة) دراسة تحليلية نقدية .

● الدكتور حسن علي خاطر .

● الطبعة العربية الأولى : الإصدار الأول ، 2001 .

● جميع الحقوق محفوظة © .

دار الشروق للنشر والتوزيع

هاتف : 4618190 / 4618191 / 4624321 فاكس : 4610065

ص.ب : 926463 الرمز البريدي : 11110 عمان – الاردن

دار الشروق للنشر والتوزيع

رام الله: المنارة – شارع المنارة – مركز عقل التجاري هاتف 02/2961614

نابلس: جامعة النجاح – هاتف 09/2398862

غزة: الرمال الجنوبي قرب جامعة الأزهر هاتف 07/2847003

■ التنضيد والاخراج الداخلي وتصميم الغلاف وفرز الألوان و الأفلام :

دائرة الإنتاج / دار الشروق للنشر والتوزيع

هاتف : 4618190/1 فاكس 4610065 / ص.ب . 926463 عمان (11110) الأردن

Email : shorokjo@nol.com.jo

الفهرس

-المقدمة	٩
- القسم الاول: مفهوم المحتمع العربي ومقوماته	١٥
١- مفهوم المجتمع العربي	١٧
- القسم الثاني: انماط المعيشة في المجتمع العربي المعاصر	٣٣
- مدخل	٣٥
أولا: النمط البدوي	٣٧
١- تقسيمات البدو	
٢- البنية الاجتماعية	
٣- قيم النمط البدوي	
ثانيا: النمط الفلاحي	٤٤
١- إشكالية التعريف	
٢- اتجاه التحول	
٣- ركائز النمط والافرازات القيمية	
ثالثا: النمط المدني	٥٥
١- دولة المدنية	
٢- المدن المليونية	
٣- المدن العملاقة والتحديات الصعبة	
٤- النمط المدني وإشكالية القيم	
-القسم الثالث: تشخيص الواقع الثقافي للمجتمع العربي المعاصر	٧٣
- إشكالية نقد الثقافة الحية	٧٥
الفصل الاول: بمعنى الثقافة في مفهوم الغزالي	٧٦
أولا: تعريف الثفافة	
ثانيا: الثقافة والعلم	
الفصل الثاني: مفهوم الغزالي لتشوه العربية السائدة	٧٩
أولا: أهمية الثقافة في حياة الآمة	
ثانيا: واقع التشوه في الثقافة العربية	

٥

ثالثا: ابعاد التشوهات الثقافية

رابعا: موقف الاسلام من التشوه الثقافي

القسم الرابع - المجتمع العربي والتشوهات الثقافية ٨٧

الفصل الاول: التشوه الثقافي الميدان العقيدي ٨٩

أولا: طغيان الفكر الغيبي

١- الكرامات وخوارق العادات

٢- الجن وعوالم الغيبيات

ثانيا: اختلال موازين الاولويات في التفكير العربي

١- العجز في الموازنة بين الأهم والمهم

٢- تضييق مفهوم العبادة في الإسلام

ثالثا: التقليد العقيدي والجمود الفكري

١-الفهم السلبي للنصوص الإسلامية

٢- التفكير المتخلف عن مواكبة التطور من الزمان والتغير في المكان

رابعاً: هيمنة المعتقدات الجبرية على داخلية التفكير العربي

الفصل الثاني: التشوه الثقافي في ميدان التفكير الاجتماعي ٩٦

مدخل:

أولاً: بدايات الانحطاط ومقدماته

ثانيا: تشوه مكانة المرأة في الحياة الزوجية

ثالثا: المرأة والعبادة

رابعا: ثقافة تجهيل المرأة

خامسا: عزل المرأة عن مسيرة المجتمع

الفصل الثالث: الشوه الثقافي في الميدان الاقتصادي ١٠٦

أولا: هيمنة التواكل على التفكير في المجال الاقتصادي

١- كراهية الاحتراف وازدراد الصناعة

٢- الاستسلام للعجز وضعف روح المبادرة

٣- تكريس الخضوع للتبعية

٤- العلاقة السلبية بالوظائف العامة

ثانيا: الترويج لفلسفة الفقر

١- التصورات الخاطئة حول الغنى والفقر

٢- الترغيب في الفقر والترهيب من الغنى

٣- التفكير القاصر عن إدراك حاجات العصر

الفصل الرابع: التشوه الثقافي في الميدان السياسي ١٢٢

أولا: جمود الفكر السياسي الاسلامي

ثانيا: احتلال مفهوم الشورى في النظام السياسي الاسلامي

ثالثا: تجذير اخلاقيات الاستبداد السياسي

القسم الخامس- أسباب تشوه الثقافة في المجتمع العربي المعاصر ١٢٣

الفصل الاول: اسباب بيئية ١٢٥

أولا: البطالة والجهل

ثانيا: الوضع في السنة

ثالثا: اختلاط العادات والتقاليد بالمبادئ والتعاليم الاسلامية

رابعا: الاستهانة بالعلوم الشرعية

خامسا: النظرة الخاطئة للحياة

الفصل الثاني: اسباب فكرية ١٢٨

أولا: انتشار التفكير الصوفي

ثانيا: محاولة فهم المبادئ الاسلامية بمعزل عن الحياة

ثالثا: عدم الوقوف في تقصي المسائل الغيبية عند الحد الذي رسمه الاسلام

رابعا: الحجز علي التفكير في القضايا المستجدة (غلق باب الاجتهاد)

خامسا: عدم التعامل مع مصادر المعرفة الاسلامية حسب اهميتها

الفصل الثالث: اسباب عامة ١٣١

اولا: الاستبداد السياسي والتعصب المذهبي

ثانيا: النمو المختل وغير المتوازن في جوانب الفقه الاسلامي

ثالثا: غياب مؤسيات الرقابة الثقافية والتكوين الثقافي

القسم السادس: المجتمع العربي ومعضلة الانتماء الحضاري ١٣٩

الفصل الاول: معنى الانتماء في اللغة ومفهومه عند الغزالي ١٤١

اولا: معنى الانتماء في اللغة

ثانيا: مفهوم ضعف الانتماء الحضاري عند العزالي

الفصل الثاني: اساس الانتماء الحضاري ودوره ١٤٣

أولا: اساس الانتماء

ثانيا: دور الانتماء

الفصل الثالث: مظاهر وصور ضعف الانتماء الحضاري في المجتمع العربي المعاصر ١٤٥

اولا: محاولات احياء وتقوية المشاعر القومية

ثانيا: ضعف التكافل الاسلامي

ثالثا: امتهان اللغة العربية وانحطاط الآداب والفنون

رابعا: التبعية التشريعية والسياسية

خامسا: الضياع الثقافي أو انطماس الشخصية الثقافية

القسم السابع - أسباب ضعف الانتماء الحضاري ١٥٣

الفصل الاول: اسباب سياسية ١٥٥

أولا: تهميش دور الاسلام وتكريس دور العلمانية والقومية

ثانيا: التبعية السياسية والتخلف الاقتصادي

ثالثا: سقوط الخلافة وزوال الرباط السياسي بين أجزاء المجتمع العربي

الفصل الثاني: اسباب ثقافية وتعليمية ١٥٧

أولا: الاستعمار الثقافي

ثانيا: التشوه الثقافي

ثالثا: الانبهار الحضاري والفراغ النفسي والعلمي

رابعا: اختلال التعليم وغياب المؤسسات الثقافية والحضارية

- توصيات واستنتاجات تتعلق بالجانب الثقافي من الدراسة ١٦٣

- مراجع البحث ١٨١

مقدمة

في أعقاب انهيار الدولة العثمانية وسقوط نظام الخلافة الذي كان يرمز إلى الرابطة الإسلامية التي كانت تجمع بين أحضانها الكثير من الشعوب في آسيا وأفريقيا وأوروبا، بعد هذا الحدث الكبير- الذي يعد من أبرز أحداث القرن العشرين-، وعلى وجه التحديد عندما حاول بعض العرب بقيادة الشريف الحسين بن علي تقوية مبررات الثورة على الأتراك ، عند ذلك وبعده بدأ الحديث - في هذا العصر - عن العرب كقوم وعن المجتمع العربي كوحدة واحدة، وعن مقومات هذا المجتمع والروابط المميزة التي تجمع بين شعوبه وجغرافيته وتاريخه وثقافته٠٠٠الخ، نستطيع ان ننكر ذلك، أو أن نزعم أن هذه البقعة الجغرافية التي تضم هذه الشعوب العربية، لا تتوفر على مقومات المجتمع الواحد ، الواضح في ملامحه ومعالمه ومقومات وجوده وأنماط معيشته وقيمه وعاداته وتقاليده ودينه وثقافته عموما، ولا أحد يستطيع أن يزعم أن وحدة هذا المجتمع تتناقض مع أي من المعايير الإنسانية المعتمدة في هذا المجال ٠

إلا أن المؤاخذ على العديد ممن كتبوا أو بحثوا في هذا الموضوع، منذ بداية القرن العشرين إلى يومنا هذا، هو اجتزاء المجتمع العربي من محيطه الكبير وإطاره الواسع الذي كان يمتزج معه في وحدة واحدة على مدار أربعة عشر قرنا من الزمن، وهو المحيط الإسلامي الذي اعتبر نفسه على مدار التاريخ امتدادا للمجتمع العربي، والذي يسميه الكثير من الكتاب القدامى والمعاصرين بالمجتمع الإسلامي الكبير، فمشكلة الذين تحدثوا عن المجتمع العربي بمفهومه القومي الضيق، أهملوا عن قصد الحديث عن امتدادات هذا المجتمع الثقافية والتاريخية في العمق الإسلامي، وتجاهلوا الإشارة إلى المجتمع الإسلامي كوحدة واحدة، وأن المجتمع العربي يشكل قلب هذه الوحدة الكبيرة، وأنه لا يمكن فصله عنها فصلا جذريا ٠

تجاهل هذه الحقيقة بما فيها من علاقات تاريخية وثقافية وبما فيها من قواسم مشتركة في الدين والجغرافية وما تخلل ذلك من تفاعلات قوية بين شعوب هذا المجتمع استمرت لأكثر من أربعة عشر قرنا، تجاهل ذلك واغماض العين عنه هو الخطأ الكبير الذي وقع فيه أنصار المجتمع العربي بمفهومه القومي الضيق، فيمكن للطبيب أن يتحدث عن القلب كجزء من الجسد، وهو حديث مقبول يمكن أن يبين لنا مكانة هذا العضو في الجسد ودوره فيه، والعلاقة بينهما٠٠٠الخ، ولكنه يكون مخطئا إذا أراد من حديثه أن يقنعنا بأن يكون القلب شيئا منفصلا عن الجسد ومستقلا عنه، فالفرق بين الحديثين كبير، وهو يشبه الى حد ما الحديث عن المجتمع الاسلامي والمجتمع العربي وما بينهما من شرايين وروابط تنبض بالحياة منذ عشرات القرون٠٠!!

والحقيقة أن الحديث عن مقومات المجتمع الإسلامي هو أمر في متناول أي باحث وليس بالأمر الصعب ، فالوحدة الجغرافية، والتاريخ المشترك ، والدين الإسلامي، والثقافة عموما، كلها من الموجبات الأساسية في وحدة هذا المجتمع، ونحن هنا لسنا بصدد مناقشة هذه المقومات او التوسع فيها، لهذا فأننا نكتفي بالإشارة إلى أثر الإسلام فقط في تعميق وتلوين هذه الوحدة، فالإسلام يختلف عن معظم الاديان في مسألة مهمة وكبيرة في هذا المقام، وهي نزعته الجماعية الواضحة في تعاليمه وعباداته كلها، فالمساجد مثلا انتشرت بانتشار تعاليم الإسلام، وما من موضع دخله هذا الدين إلا وارتفعت في سمائه مآذن المساجد، ومنذ بداية الإسلام إلى يومنا هذا والمساجد في كل مكان تنادي لاجتماع المسلمين للصلاة في اليوم خمس مرات، في ماليزيا، في بلاد الأفغان، في بلاد العرب، في أفريقيا، في أوروبا٠٠٠ وهي دعوة يلبيها كل مسلم وليس شرطا أن يكون من أهل تلك البقعة، فهي ليست دعوة قومية، وكل الشعوب الإسلامية تعيش على هذا النداء منذ مئات السنين إلى يومنا هذا، وتلبيه في اليوم الواحد خمس مرات، ثم يأتي شهر رمضان من كل عام، وهو شهر يتحول فيه المجتمع الإسلامي الكبير وكل المسلمين في العالم، الى ما يشبه التنظيم العسكري الدقيق، فهم جميعا يصومون معا ويفطرون معا، ويجتنبون معا جميع المحظورات التي نص عليها الإسلام في هذا الشهر سواء

كانت مادية كالأطعمة والأشربة، أو أخلاقية كالمغيبة والنميمة والمعاصي عموما، بل ويشتركون معا في الأخلاقيات التي أمر بها الإسلام في هذا الشهر وهي كثيرة، أهمها قراءة القرآن، والإكثار من الصدقة، وإفطار الصائم، وصلة الرحم والقربى... الخ ثم بعد ذلك يأتي الحج، وهو الموسم الذي يجتمع فيه أهل الإسلام من مشارق الأرض ومغاربها في مكة المكرمة كل عام، يتضرعون إلى إله واحد، ويلبسون لباسا واحدا ويهتفون بشعارات واحدة، ويمارسون عبادات واحدة، إضافة الى دور الإسلام في تعميق وتأصيل الكثير من المفاهيم الأخلاقية والعادات والتقاليد في حياة المسلمين في كل مكان، لهذا كله فان الاسلام ليس مجرد مقوم من مقومات المجتمع الاسلامي أو العربي فحسب، وانما هو بحق المرتكز الأساسي لجميع المقومات الأخرى، والوسيلة الفعالة التي استطاعت أن تزيل الكثير من الفروقات والتناقضات التي كانت موجودة بين هذه الشعوب، وأرسى مكانها قواسم مشتركة كثيرة أصبحت تشكل منذ يومها الأول أساسا صلبا لوحدة واتحاد بين أبناء هذه الشعوب لم يعرف لها التاريخ مثيلا.

ولا شك أن توجهات الدول والشعوب الإنسانية في هذا العصر نحو الاندماج والتكتل والوحدة، يجب أن تعزز نزعة الشعوب العربية والإسلامية نحو مجتمع إسلامي واحد، ورابطة إسلامية جامعة، فأمريكا الشمالية وحدة واحدة ومجتمع واحد، وأوروبا الغربية أصبحت هي الأخرى وحدة واحدة وتكاد أن تمسي مجتمعا واحدا، وهناك الكثير من الشعوب التي تحاول أن تجد لها قواسم مشتركة مع جيرانها لتندمج في إطار وحدة واحدة، فنزعة التكتل والاتحاد تعتبر من أبرز نزعات العقد الأخير من القرن العشرين، والذي يبعث على الحيرة والقلق أنه يندر أن نجد بين شعوب هذه المعمورة أمة من الأمم تتوافر على قواعد وأسس مشتركة بين شعوبها، كما هو حال الامة الاسلامية، إلا أنه في الوقت نفسه يندر أن نجد أمة من الامم فاقت هذه الأمة في تقطع اوصالها وتفتت أجزائها، ويبقى المجتمع العربي الذي يمثل قلب هذه الامة هو النموذج الأمثل للتعبير عن تخبطها وتمزقها، فبوصلته تائهة حول نفسها ، وفاقدة على الدوام الاتجاه الصحيح على طريق الوحدة في صورها الصغيرة والكبيرة على حد سواء، وتبقى مؤشرات هذه البوصلة، تتجه نحو مزيد من الانغلاق والتقوقع، وتتجلى نتائج ذلك في صور التكتلات العربية الإقليمية

الضيقة،التي باتت تشكل تهديدا لفكرة اتحاد المجتمع العربي التي يفترض أن تكون محسومة تماما، ان لم يكن بدافع مقوماتها الأصيلة المركوزة في أعماق هذا المجتمع، فبدافع التوجهات والتكتلات الإنسانية المحيطة بنا من كل جانب!.

ونحن ومن خلال هذه الدراسة المختصرة حاولنا إبقاء التواصل بين المجتمع العربي وإطاره الإسلامي الكبير، وذلك من خلال نقد الثقافة السائدة في هذا المجتمع وفي محيطه الواسع أيضا، والتي هي في الحقيقة انعكاس للتشوه في قراءة الكثير من المفاهيم والقيم في الثقافة الإسلامية، وقد حاولت في هذا الجانب أن أشخص وأنقد السلوكيات والمعتقدات والمفاهيم والتصورات الخاطئة التي تهيمن على واقع الحياة في المجتمع العربي والإسلامي، وقد أشرت بصورة واضحة إلى أن هذه الثقافة المشوهة التي تهيمن على حياة الأمة الإسلامية عموما باسم الإسلام وتعاليمه، هي في الحقيقة بعيدة كل البعد عن تعاليم الإسلام السمحة، وأن الإسلام هو من ضحايا هذه الثقافة وليس راعيا لها أو مدافعا عنها، وقد حرصت أن لا أخوض غمار نقد الواقع الثقافي السائد في مجتمعاتنا اليوم دون الاستعانة بجهود واحد من الشخصيات العلمية الإسلامية التي عاشت طوال حياتها مع هذا الموضوع، وذلك تجنبا للوقوع في مشاكل عديدة على هذا الطريق الشائك، أهمها، تعدد آراء العلماء المسلمين في الكثير من مسائل الفقه والعقيدة واختلافهم في تفسير الكثير من النصوص الاسلامية التي تتعلق بمختلف جوانب الحياة، ومنهجي هذا ليس هروبا من مواجهة التعددية الفكرية والمذهبية السائدة في حياة المسلمين، وانما هو اختصار لجهود كثيرة، وتحقيق لمعنى التكامل في جهود العلماء والباحثين، وقد اخترت لذلك فضيلة الاستاذ محمد الغزالي رحمه الله، فهو من الشخصيات العلمية القليلة في هذا العصر التي اتيح لها فرصة الاطلاع الميداني المباشر على الواقع الثقافي السائد ليس فقط في المجتمع العربي وانما أيضا في الكثير من بقاع المجتمع الاسلامي، وكذلك في العديد من المجتمعات الإنسانية الأخرى، وهو قبل ذلك ضليع في فهم مصادر الثقافة الإسلامية الأصيلة، المتمثلة أساسا في القرآن الكريم والسنة النبوية، إضافة إلى اطلاعه الواسع على كتب التراث الإسلامي بمختلف أصنافها، وقد لفت انتباهي من خلال علاقتي المباشرة بفضيلته لسنوات

عديدة في الجزائر ، حرصه على مقارعة الثقافة المشوهة ، والانحياز إلى الثقافة الأصيلة في حياة الشعوب العربية والإسلامية، وأنا استطيع أن أزعم أن جل كتاباته ومحاضراته ودروسه كانت تدور حول هذه المعضلة بمفهومها الواسع، وقد أشرت في بداية القسم الثالث من هذه الدراسة إلى المزيد من الأسباب التي دفعتني إلى اختيار هذه الشخصية لتكون عونا لي في مغامرتي الشاقة على هذا الطريق الشائك، طريق نقد الثقافة السائدة في حياة العرب والمسلمين ، والتي تتخفى في كثير من البقاع بقناع الثقافة الإسلامية، وهي في الحقيقة وبال على الإسلام وعلى ثقافته، وعلى أهله، بل وعلى الناس جميعا٠

المؤلف

د٠ حسن علي خاطر

ابروقين - فلسطين

القسم الأول
مفهوم المجتمع العربي ومقوماته

١- مفهوم المجتمع العربي

هناك أصوات ضعيفة تنكر الحديث عن مجتمع عربي واحد، وتتحدث عن مجتمعات عربية تختلف في خصائصها وصفاتها، وتتناول في البحث والحديث نقاط التباين والاختلاف ولا تعبأ كثيرا بنقاط الالتقاء، بل تتعمدعدم النظر إليها وعدم الاكتراث بها.

علما أن الحديث عن مجتمع عربي واحد لا يتنافى ولا يلغي حقيقة أن الأصول البشرية المكونة لأجزاء هذا المجتمع تنحدر من أصول قومية قد تبدو أنها مختلفة عن بعضها، فالموقع الجغرافي الحيوي للمجتمع العربي يجعل من الصعب الحديث عن نقاء العرق السكاني لكثير من المواقع والبلدان في هذا المجتمع، وعلى وجه الخصوص بلاد الشام ومعظم المناطق الواقعة على سواحل المتوسط، حيث كانت هذه الأماكن - على وجه الخصوص- مسرحا لكثير من النشاطات البشرية المختلفة، والتي بدأت منذ أقدم العصور ولم تنته إلى يومنا هذا، سواء كانت حروبا أم تجارة، فانها تركت بصماتها العرقية في عرب هذه البقاع، ورغم أن المجتمعات البشرية عرفت الانفتاح على بعضها منذ أقدم العصور إلا أن المناطق التي أشرنا اليها عاشت هذه الظاهرة أكثر من غيرها، لعوامل عديدة أهمها، اضافة إلى الموقع الجغرافي الذي اشرنا اليه، الخصوصية الدينية لبعض هذه المناطق، حيث كانت هذه الخصوصية - وما زالت - تستقطب بشكل مستمر افواجا مختلفة من البشر كل منها ينتمي الى حضارة مختلفة عن الاخرى.

ورغم أن ما أشرنا إليه حقيقة قائمة، ويساعد من يريد السير في الاتجاه المعاكس على القول أن المجتمع العربي ليس مجتمعا واحدا، وانما هو متنوع في أصوله السكانية، رغم ذلك ورغم التباينات الفسيفسائية الكثيرة الموجودة أيضا بين أجزاء هذا المجتمع في العادات والتقاليد والقيم المختلفة، فان الحديث عن مجتمع عربي واحد يبقى هو الحديث الأقوى، وتبقى أواصر الوحدة المجتمعية بين أجزائه المترامية الاطراف هي الأكثر قوة وهي الأكثر وضوحا عند امعان النظر في ماضي وحاضر هذا

المجتمع، وبالتالي فان الاصوات التي تحاول نزع مفهوم الوحدة الواحدة عن هذا المجتمع انما هي تناقض مسيرة التاريخ الماضي، وتتجاهل معطيات الواقع المعاصر، وتحاول الاستناد في فهم العلاقة بين أجزاء هذا المجتمع مع بعضها البعض، إلى مظاهر طارئة لم يكن لها وجود فعّال في تاريخ هذا المجتمع، ولم تولد في هذا العصر ولادة طبيعية تشير إلى إمكانية استمرارها في المستقبل كتطور طبيعي للمجتمع العربي، كالنظر اليه من خلال تعدد الكيانات السياسية، واختلاف القوانين والأنظمة المدنية، أو من خلال ارتفاع بعض الأصوات الطائفية والعرقية هنا وهناك٠

وبالتالي فان تجاهل المقومات التاريخية والموضوعية التي على ضوئها تنشأ وتستمر المجتمعات الإنسانية، كاللغة والدين والتاريخ والجغرافيا والعادات والتقاليد والتفاعل المشترك يمكن أن يوقع الباحث والقارئ في خطأ الاعتقاد بأن المجتمع العربي ليس مجتمعا واحدا وانما مجتمعات متعددة ومختلفة، انطلاقا من أن هذا المجتمع لا يشكل في الوقت الحاضر مجتمعا سياسيا واحدا ولا مجتمعا مدنيا واحدا ولا مجتمعا عرقيا واحدا٠

وبالتالي فأنه ومن خلال المعايير الموضوعية يمكن الكشف عن العلاقات القوية والعديدة التي تجمع اجزاء هذا المجتمع واطرافه، وتربط بين أبنائه وسكانه، بروابط متينة تمتد جذورها في أعماق التاريخ والثقافة والجغرافية٠

وتثبيتا للمفاهيم السابقة، نورد تعريفا للمجتمع كما يراه علماء الاجتماع، يعزز من مكانة المقومات التي أشرنا إليها، ويكشف من جهة أخرى، سطحية الآراء التي ناقشناها في السطور السابقة، حيث يعرّفون المجتمع بأنه <كيان جماعي من البشر، بينهم شبكة من التفاعلات والعلاقات الدائمة والمستقرة نسبيا، وتسمح باستمرار هذا الكيان وبقائه في الزمان والمكان>(١)٠

ولا شك بأن هناك تعريفات أخرى عديدة للمجتمع، تختلف باختلاف المدارس والاتجاهات النظرية في علم الاجتماع، إلاّ أننا اعتمدنا هذا التعريف أساسا لسببين:

الأول: أنه يتضمن غالبية العناصر التي تدور حولها التعريفات الأخرى، ولهذا السبب اختاره الباحثون الذين اعتمدنا على بحثهم في عملية توثيق النص(٢)٠

الثاني: أنه يحدد مفهوم المجتمع انطلاقا من المقومات الموضوعية، وليس استنادا إلى العوارض الوقتية، والقشور السطحية التي ضللت العديد من الباحثين والمفكرين.

وسنتحدث عن هذه المقومات بشيء من التفصيل والتركيز في الصفحات والمباحث التالية.

٢- مقومات المجتمع العربي

من الطبيعي أن يختلف الباحثون في عدد هذه المقومات، وفي ترتيبها وتقسيمها، وهذا اختلاف منهجي في كثير من الأحيان، ولا يؤثر تأثيرا جوهريا في حقيقة هذه المقومات، من حيث مكانة وأهمية كلّ منها، إلا أن هناك اختلافات أيديولوجية بين الباحثين العرب في هذه المسألة، تسقط أحيانا الإسلام من هذه العوامل على اعتبار أن هناك أقليات دينية أخرى تعيش في أرجاء هذا الوطن، وهذا النوع من الاختلاف يؤثر في عدد ونوعية هذه المقومات، إلا أن ذلك لا يلغي القاسم المشترك الكبير بين هؤلاء الباحثين بهذا الخصوص.

وهذه المقومات كما أراها -ويراها العديد من الكتاب- تتوزع على: البيئة الجغرافية والسكان واللغة والدين والعادات والتقاليد والاخلاق والتفاعل.

ولو فقد المجتمع العربي خلال مسيرته الحضارية التاريخية الطويلة هذه المقومات أو بعضا منها، فأنه يكون بذلك قد فقد وجوده أو بعضا من وجوده.

وهذا يعني من الزاوية الأخرى أن الاهتمام بمستقبل هذا المجتمع ومصيره، مرهون بالاهتمام بسلامة هذه المقومات ورعايتها والحرص عليها.

١- البيئة الجغرافية: يمتد المجتمع العربي على رقعة واحدة متصلة من الأرض، تحتل موقعا مميزا بين الشعوب، فهي تقع وسطا بين منطقتين، هما من أشد مناطق العالم ازدحاما بالسكان، حيث يتجمع فيهما أكثر من ثلثي الجنس البشري، وهما أسيا وأوروبا الغربية.

ومن ثم كانت الأراضي العربية تشكل ملتقى للطرق التي تربط بين هذين الإقليمين الرئيسيين. وهذا أضفى عليها أهمية مميزة في العصور القديمة والحديثة على حد سواء.

وتتحكم الأراضي العربية في ثلاثة من شرايين الملاحة العالمية هي البحر المتوسط والبحر الأحمر والخليج العربي، وتتصل هذه الشرايين بالمحيطات عن طريق منافذ لا يزيد عرض أوسعها على الثلاثين كيلو مترا(٣)٠

وتربو مساحة الأراضي التي يمتد عليها المجتمع العربي على الأحد عشر مليونا من الكيلو مترات المربعة، وتمتد متصلة دون أن تكون هناك عوائق حقيقية تحول دون ترابط أجزائها، حيث يجتاز المسافر-على سبيل المثال- شبه جزيرة سيناء، التي تربط آسيا بأفريقيا، دون أن يلاحظ أنه انتقل من قارة إلى أخرى، فالأرض هي الأرض، والناس هم الناس، وهذا على عكس ما هو عليه الحال في شمال شبه جزيرة الهند على سبيل المثال، حيث يلمس المسافر الفارق الكبير بين الهند والصين جنسا وحضارة ولسانا٠

والجيولوجيون يرجعون ذلك إلى التطور البيولوجي للاراضي العربية، فالجزء الأكبر منها ينتمي إلى قارة (جندوانا) القديمة التي عملت فيها عوامل التعرية أحقابا طويلة، فتركتها هضبة متوسطة الارتفاع، مستوية السطح، إلى حد كبير(٤)٠

والأرض العربية عموما تتألف من بيئات ومناخات وأقاليم متنوعة، يمكن اختصارها في النقاط التالية:

١- المناطق الصحراوية وشبه الصحراوية، وهي تشكل ما يزيد عن%٨٠ من مساحة الأراضي العربية، وهي في معظمها مناطق غير مسكونة، ويسودها مناخ متطرف في درجة الحرارة ارتفاعا وانخفاضا، ويندر فيها المطر، ويسود فيها الجفاف٠

٢- السهول الساحلية وتحتل المساحات الموازية لشواطيء البحار ، كالسهول التي توازي المحيط الأطلسي، والبحر المتوسط، والبحر الأحمر، والخليج العربي٠

٣ -الهضاب العليا، وهي التي يزيد ارتفاعها عن (١٥٠٠) قدم فوق سطح البحر، ومنها هضاب شمال أفريقيا وشبه الجزيرة العربية، والشام والأردن، والضفة الغربية في فلسطين٠

٤- السهول الفيضية الداخلية، التي تكونت بفعل الأنهار، مثل سهول نهر النيل في مصر والسودان ، وسهول دجلة والفرات في العراق، وسهول الليطاني والعاصي في لبنان وسوريا، وقد كانت مثل هذه المواقع في التاريخ القديم، مهداً للحضارات

الإنسانية الأولى، كالحضارة السومرية والبابلية والآشورية والمصرية والفنيقية لما تتمتع به من خصب، ولما تهيئه من إمكانية لنجاح الفعل الحضاري٠

٥- المرتفعات الجبلية، مثل مرتفعات جبال أطلس، ومرتفعات جبال لبنان، ومرتفعات اليمن وغيرها(٥)٠

ويعتبر هذا التنوع الجغرافي في بنية الارض العربية الواحدة ، مصدر قوة متجددة على مدار التاريخ لهذا المقوم الأساسي والحساس من مقومات المجتمع العربي قديما وحديثا٠

٢-السكان: يتفق المؤرخون على وجود أصول مشتركة لسكان المجتمع العربي المعاصر، تعود في معظمها إلى الجزيرة العربية٠ حيث كانت تسكن هذه الجزيرة منذ أقدم العصور شعوب تنتمي إلى عنصر البحر المتوسط وهو أحد العناصر الثلاثة الكبرى التي ينتمي اليها الجنس القوقازي، وتتميز هذه الشعوب بخصائص بدنية خاصة، كالرأس المستطيل، واللون القمحي، والشعر المموج، والقامة المتوسطة، والبنية النحيفة، وقد عرفت بالشعوب السامية، لأنها اتخذت من اللسان السامي لغة لها، وقد عاش بعض هذه الشعوب في منطقة خصبة في تربتها، وغنية في إنتاجها، وعاش بعضها الآخر في مناطق فقيرة، مما كان يضطرها إلى البحث المتواصل عن الماء والكلأ وأسباب العيش، وقد كانت الحاجة تدفعها إلى الهجرة من هذه الجزيرة على شكل جماعات كبيرة إلى جهات مجاورة أكثر خصوبة٠

ومن هذه الهجرات، هجرة الاكّاديين الذين رحلوا بسبب الجدب والجفاف إلى جنوب العراق، وهناك اختلطوا بالسومريين، ونشأت الحضارة السومرية الاكادية، وكذلك العمّوريين الذين خرجوا واستقروا في شمال سوريا، والاشوريين الذين استوطنوا شمال العراق، والفنيقيين والكنعانيين الذين استقروا في فلسطين ولبنان، وامتد تأثيرهم ونفوذهم إلى جزر البحر المتوسط، وشمال افريقيا وجنوب أوروبا٠

ونتيجة للمغريات الكثيرة التي حفّت وتحف بالأرض العربية، منذ أقدم العصور، والمنبثقة أساسا عن الموقع الجغرافي والطرق التجارية، والاعتدال المناخي والتنوع التضاريسي، فقد بقيت هذه المنطقة مطمعا للأقوياء، ومسرحا للأحداث

والحروب، وقد تداولت السيطرة عليها والاستقرار فيها، شعوب مختلفة وأجناس متعددة، امتزجت بصورة كبيرة، وعلى مدار فترات زمنية طويلة بالسكان الأصليين لهذه الأرض الشاسعة(٦)٠

ويستطيع الملاحظ أن يتبين بسهولة آثار هذا الامتزاج السكاني في ملامح وصفات السكان في غالبية الأقطار العربية، وعلى وجه الخصوص في بلاد الشام عموما وفلسطين على وجه الخصوص، اضافة إلى المناطق الساحلية كما أشرنا سابقا٠

ولا توجد إحصائيات دقيقة عن مجموع سكان المجتمع العربي المعاصر ، إلا أنه وفق التنبوءات الإحصائية التي تستند إلى معدل الزيادة السنوية في عدد المواليد، والتي تقدر ب٣,٥%))، فأن العدد قد وصل في عام٢٠٠٠)) إلى ما يقارب ٣٠٠))مليون نسمة(٧)٠

وتوجد مجموعة من السمات التي تتصف بها البنية السكانية للمجتمع العربي، أهمها:-

-١ ارتفاع معدل نمو السكان(٨)، حيث تشير الإحصائيات إلى أن نسبة المواليد في ارتفاع مستمر، حيث كانت في النصف الاول من القرن العشرين حوالي ٢% سنويا، وفي النصف الثاني زادت إلى ٢,٥% ثم ارتفعت إلى ٣,٥% سنويا، وفي المقابل أصبح هناك انخفاض متدرج في معدل الوفيات، ويبقى هناك تفاوت في النسب السابقة من قطر عربي إلى آخر (٩)٠

-٢ارتفاع نسبة الشباب بين السكان ، حيث تبلغ نسبة من هم دون الخامسة عشرة من العمر حوالي ٤٥% من مجموع السكان، ونسبة من هم بين(١٥-٦٥) حوالي ٥٠%، ونسبة الذين هم فوق٦٥))سنة حوالي ٠٥%فقط(١٠)٠

٣ -ارتفاع نسبة الأمية، حيث تدل الاحصائيات في مطلع السبعينات على أن حوالي٧٠% من سكان المجتمع العربي هم من الأميين (٦٠% للذكور و٨٥% للإناث)، إلا أن هذه النسبة تقلصت كثيرا في نهاية عام ٢٠٠٠ ، لتصل في سن (١٥) فما فوق إلى ٣٨٠٥%من السكان (٢٧٠٨% للذكور، ٤٩٠٩% للإناث)

للإناث)[11] ولا شك أن الانخفاض في نسبة الأمية مستمر في الأقطار العربية عموما بنسب متفاوتة ، ويرجع ذلك إلى انتشار المدارس في جميع الأقطار العربية، وإلى تطبيق سياسة التعليم الإلزامي في مراحل التعليم الاولى، وإلى انتشار الوعي بأهمية التعليم بين غالبية السكان العرب، نتيجة تأثرهم بوسائل الاعلام المتطورة واحتكاكهم بالشعوب المختلفة٠

٤- ارتفاع نسبة سكان المدن، على حساب التجمعات السكانية الأخرى، وهذه ظاهرة عالمية، إلا أنّها طغت في العقود السابقة على التوزيع السكاني للمجتمع العربي، حيث تحولت العواصم العربية على وجه الخصوص، وكذا المدن الكبرى إلى مراكز جذب واستقطاب للسكان من مختلف المناطق الأخرى وذلك لأسباب عديدة ومتداخلة، حيث تشير الدراسات إلى أنّ هذه النسبة ازدادت من (١٠%) في بداية القرن العشرين إلى حوالي ٤٠%)) في السبعينات، وهي تقارب في نهاية هذا القرن(١٢)(٧٠%) ٠

-٣ اللغة: تعتبر اللغة شرطا أساسيا من شروط بناء الحضارة، فهي وسيلة الاتصال والتفاهم الأساسية بين أفراد المجتمع الواحد، وتعتبر اللغة العربية، إحدى أهم اللغات الإنسانية الحية، وقد أدت وما زالت تؤدي دورها الحضاري في تاريخ العرب قديما وحديثا٠

وقد كانت اللغة العربية هي الوسيلة التي بواسطتها تم حفظ التراث الحضاري للعرب والمسلمين منذ العصور القديمة إلى أيامنا هذه٠

وبقيت هذه اللغة وسيلة التفاهم والتواصل بين أرجاء هذا المجتمع الكبير ، وقد كان لذلك دور هام في استمرارية ووحدة هذا المجتمع وتماسكه٠

فاللغة عموما احتلت مكانة متقدمة جدا بين العوامل التي قامت وتشكلت على اساسها القوميات الحديثة، وقد أدرك الألمان أهمية هذا العامل في بلورة الوجود القومي للأمة الألمانية، عندما اعتبروا أن الأمة كائناً عضوياً له وجوده البدائي، وله مظاهره التي تتمثل على وجه الخصوص في لغته البدائية واستعمالاتها(١٣)٠

فاللغة العربية من وجهة نظر الكثيرين تعتبر من أهم العوامل الفعالة في توحيد العرب، والعامل المشترك الأول بين الأقطار العربية جميعا، فالعربية في هذه الأقطار هي وسيلة التخاطب ووسيلة التعليم، ووسيلة التأليف والتعبير، وأداة التفكير ووسيلة العبادة، وهي لغة الصغار والكبار، ولغة المتعلمين والأميين. واللهجات العامية المنتشرة في أرجاء المجتمع العربي الكبير، هي في حقيقتها تحريفات متفاوتة للعربية الفصحى، أفرزها اختلاف أساليب اللفظ واتساع مفردات العربية، وامتداد الرقعة الجغرافية.

وضعف هذه اللهجات ، والتصاقها القوي باللغة الأم لم يدع لها مجالا تتحول فيه إلى لغات مستقلة ومنفصلة كما كان حال اللغات الأوروبية بالنسبة إلى اللغة اللاتينية.

ويعتبر التقدم التكنولوجي عاملاً أساسيا في تنمية مقوم اللغة، وتجديده، وازاحة العقبات من طريقه، حيث أصبحت وسائل الإعلام والاتصال المختلفة، من كتب ومجلات وصحف وإذاعات ومحطات تلفزيونية وأقمار صناعية وسيارات وطائرات... كلها تصب في مصلحة تقوية رابط اللغة الفصحى، وتعزيز مكانتها في التخاطب والتفاهم بين أرجاء هذا المجتمع المترامي الأطراف.

وقد استمدت اللغة العربية أيضا قوتها من مصدر آخر أساسي، هو الإسلام، حيث تعتبر العربية لغة الإسلام الرسمية، فهي اللغة التي نزل وكتب بها القرآن الكريم وهي لغة التعبد عند العرب والمسلمين كافة. وهذا ما جعل منها لغة مقدسة، يصعب تجاوزها أو التحول عنها، إضافة إلى أنها لغة متجددة، وقادرة على استيعاب المستجدات الحضارية بما فيها من سعة وشمول وثراء، وقدرة على الاشتقاق.

وقد أصبحت اللغة العربية جزءاً لايتجزأ من الشخصية العربية، وهذا ما جعل العديد من الباحثين الغربيين والمستشرقين المعنيين بفهم الماضي أو الحاضر العربي، يقومون أولا بتعلم اللغة العربية والتعرف على ألفاظها وتراكيبها وأساليبها وكانوا بذلك يمتلكون المفتاح الحقيقي لفهم الشخصية العربية، والتاريخ العربي، والحضارة العربية الإسلامية.

وقد بقيت هذه اللغة إلى اليوم من أقوى الروابط التي تجمع بين المسلمين وغيرهم في هذا المجتمع الكبير على اختلاف أديانهم٠

-٤الدين: يعتبر المجتمع العربي مهدا للأديان السماوية الثلاثة، اليهودية والمسيحية والإسلام، وهذه الحقيقة أضفت على هذا المجتمع بعدا مميزا لم تعرفه المجتمعات الإنسانية الأخرى٠

وقد بدأت دوائر الانتشار الديني، تتسع بالتدرج في المجتمع العربي منذ الولادة الأولى لهذه الأديان، حيث تبلورت دائرة الدين اليهودي في صورة ضيقة، وذلك نتيجة لظروف خاصة بطبيعة هذه الديانة، مما أبقى دائرة انتشارها محدودة جدا، إلى أن جاءت المسيحية، وقد كانت دائرة انتشارها أكثر اتساعا بكثير في المجتمع العربي من الديانة التي سبقتها، الا انها بقيت بالمقارنة مع حجم المجتمع العربي الحالي محدودة الانتشار٠

ثم بعد ذلك جاء الإسلام ، وقد انداحت دائرة هذا الدين واتسعت لتغطي مساحات شاسعة من الشعوب والمجتمعات الانسانية، إضافة إلى مساحات كبيرة من الدوائر المجتمعية التي استأثرت بها الديانات السابقة فترات من الزمن٠

ونستطيع أن نعتبر الإسلام مقوماً من مقومات المجتمع العربي، للأسباب التالية:

-١أن الإسلام كان هو صاحب الدور الأساس في بلورة حجم المجتمع العربي على الصورة التي هو عليها اليوم، فقبل الإسلام لم تكن مصر والمغرب العربي والسودان وأقطار أخرى، أجزاء من هذا المجتمع، وكان لفظ المجتمع العربي يطلق فقط على جزيرة العرب٠

-٢ أن الإسلام كان هو السبب المباشر والوحيد في تفجير طاقات العرب، وفي إزالة الحواجز النفسية والثقافية والدينية من بين أبناء الجنس العربي٠

-٣ان الإسلام أعلى من شأن اللغة العربية وجعلها لغة مقدسة، فهي لغة القرآن، ولغة العبادة، ولغة الدولة، ولغة أهل الجنة يوم القيامة، وقد كان ذلك سببا في حفظها ورعايتها وتطويرها على مدار التاريخ الطويل، ولولا ذلك لربما أصبح كثير

من الشعوب العربية في أفريقيا وأسيا يتكلمون لغات غير العربية، وعلى وجه التحديد إحدى لغات المستعمرين، كما حدث لكثير من الشعوب الإنسانية الأخرى في أمريكا الشمالية، واللاتينية وافريقيا واسيا.

٤- يشكل الإسلام بثقافته وتعاليمه ومبادئه واخلاقياته، أقوى الروابط التي ما زالت تجمع بين أقطار وشعوب المجتمع العربي الكبير إلى اليوم، على اختلاف أديانهم، فالنصارى العرب- على سبيل المثال - مسيحيو الديانة، ولكنهم مسلمو الثقافة، وكذلك حال اليهود والأقليات الأخرى، فالثقافة الإسلامية بقوتها وحيويتها لم تترك مجالا لنشوء كيانات ثقافية أخرى، في رحاب هذا المجتمع الكبير.

فالدين الإسلامي يعتبر استنادا إلى المبررات السابقة، مقوما أساسيا من مقومات المجتمع العربي يصعب تجاهله أو تجاوزه أو الحط من قيمته استنادا إلى حجج واهية، كالزعم أن المجتمع العربي يحوي خليطا من الأديان، وأن الدين وسيلة لإثارة الصراعات الطائفية، والاستشهاد ببعض الصور والنماذج المضللة كالصراعات التي شهدتها لبنان، حيث يحاول بعض الكتاب اعتبار الصراعات السياسية الجارية هناك على أنها صراعات دينية، والحقيقة غير ذلك، فالأديان نفسها كانت ضحية هذه الصراعات ولم تكن سببا فيها، او الاستناد إلى أن المجتمعات الغربية استبعدت الدين من مقومات الحياة المجتمعية المعاصرة.

والتفكير الموضوعي لا يقبل اعتبار الإسلام مجرد مقوم من المقومات العادية للمجتمع العربي، فهو بحكم الفعل الحضاري الذي ميّز العرب بين الشعوب الانسانية، وبحكم الدور الوحدوي الذي استطاع ان يبلور النموذج الوحدوي العربي الأول، وبحكم الوجود الفعلي في واقع المجتمعات العربية المعاصرة، يعتبر الإسلام المقوم الأساسي من بين المقومات العديدة التي يستند اليها وجود هذا المجتمع.

٥- العادات والتقاليد والأخلاق: بما أننا نتكلم عن مقومات مجتمع، فأن العادات والتقاليد والأخلاق تعتبر من أهم المحكات التي تكشف حقيقة هذه المقومات التي نتكلم عنها، حيث يصبح من الصعب أن نتكلم عن مجتمع واحد تفتقر أجزاؤه إلى حد أدنى من التقاسم المشترك في مجال العادات والتقاليد والأخلاق.

فنتحدث عنها من جهة على أنها من مقومات المجتمع العربي المعاصر، وننظر إليها من جهة أخرى على أنها محك يعزز مصداقية المقومات الاخرى السابقة واللاحقة باعتبارها من ثمار الحياة الكبيرة في إطار هذا المجتمع٠

لقد احتضن المجتمع العربي منذ اقدم العصور إلى اليوم، ثلاثة أنماط من الحياة كانت وما زالت تختلف نسبها من قطر عربي إلى اخر، بل ومن عصر إلى آخر في القطر الواحد ، وهذه الانماط هي:

-١سكان المدن٠

-٢سكان الريف٠

-٣سكان البادية٠

ومن خلال استعراض واقع كل فئة من هذه الفئات في مختلف المناطق العربية، نجد أن أفراد كل فئة يشتركون بنسبة كبيرة جدا من العادات والتقاليد والأخلاق على مستوى المجتمع العربي العام٠

فسكان البادية على المستوى الواسع يشتركون في أخلاقيات وعادات وتقاليد واحدة، حيث يتشابهون في نمط المعيشة وأساليب كسب الرزق وقيم العصبية، وعادات الزواج والطلاق والأفراح والأتراح، والميلاد والموت وأساليب التربية، وأشكال العلاقات الأسرية والمجتمعية وفي نظرتهم إلى البادية والمدينة وفي مفهومهم للكرم والضيافة والشرف والنخوة والشجاعة والأنفة٠

وكذلك الحال بالنسبة لسكان الريف، توجد بينهم قواسم مشتركة أساسية وكثيرة في هذا المجال، تتقاطع في مفهومهم للأرض والعائلة والدين والأعراف، وفي شعورهم بالزمن (١٤)٠

اما بالنسبة لسكان المدن فرغم التشابه الكبير فيما بينهم في هذا المجال، إلا أنه توجد اختلافات لم تنبثق أساسا من طبيعة هذه المدن في حد ذاتها، وانما علقت بسكان هذه المدن نتيجة الهيمنة الاستعمارية التي تعرضت لها الشعوب العربية في فترات ضعفها، حيث تقاسم المستعمرون أجزاء واقطار المجتمع العربي الكبير، وبما ان المدن كانت تشكل نقاط التماس والاحتكاك الرئيسية بين السكان والمستعمرين،

فأنها بالتالي كانت أكثر عرضة للتأثر بأخلاقيات وعادات هؤلاء الغزاة ، فالمغلوب مولع بتقليد الغالب، كما يذكر ابن خلدون.

فالفرنسيون في المغرب العربي وسوريا ولبنان تركوا آثارا من عاداتهم وتقاليدهم وأخلاقهم في المدن الرئيسة في هذه الأقطار، ما زالت ملامحها ظاهرة إلى ايامنا هذه.

وقد كان ذلك هو حال الإنجليز والإيطاليين والإسبان في المدن والأقطار التي استعمروها!

ويبقى مرجع التشابه الكبير بين أجزاء المجتمع العربي في المجالات التي أشرنا اليها إلى أسباب موضوعية، أهمها:

١- أن الإسلام الذي بلور وجود المجتمع العربي في شكله الحالي، بقي هو أداة الفعل النشطة في صناعة العادات والتقاليد والأخلاقيات التي تسود هذا المجتمع، حتى الجوانب السلبية منها تسللت إلى سلوكيات ومعتقدات العرب في مختلف الأقطار والبقاع باسم الإسلام وتحت لافتته.

٢- اللغة - فاللغة العربية هي اللغة التي يتكلمها ويفكر بها سكان هذا المجتمع، ومعروف أن اللغة لها دور كبير في تشكيل جوانب الشخصية المختلفة للفرد والمجتمع ، والشخصية بدورها تعتبر إحدى اهم الركائز في بلورة وتحديد نوعية الأخلاق والعادات والتقاليد المرشحة لأن تسود في واقع الحياة المجتمعية.

٣- التشابه التضاريسي والمناخي - فالتضاريس والمناخ يساعدان على تحديد أنماط المعيشة، ونمط المعيشة هو الآخر يفرز القيم والعادات والتقاليد التي تلائمه، فوجود الصحراء على امتداد المجتمع العربي أوجد بصورة تلقائية نمط المعيشة البدوي، والحياة في أجواء البادية هي التي ولدت قيم وأخلاقيات البادية، فالرعي في الأجواء الطبيعية القاسية والتنقل المستمر وراء الماء والكلأ والتقلب في الأجواء المناخية الصعبة بين الحر الشديد والبرد الشديد كل ذلك ينعكس على طبيعة الإنسان البدوي، فنجده قاسيا فظا صريحا ومباشرا وشجاعا فالكرم يعتبر على سبيل المثال من أشهر وأقدس قيم البادية، والسبب في تبوء هذا الخلق هذه المكانة السامية عند هؤلاء الناس يرجع إلى انه يعبر عن تحدي

الإنسان للطبيعة، فالكرم الذي يعني البذل والعطاء يعتبر ذا قيمة عظيمة اذا مورس في وسط أجواء شحيحة أو هو بعبارة اخرى، صرخة التحدي في وجه الشح والحرمان!

وهكذا تلعب أنماط المعيشة المتشابهة والتي هي بدورها انعكاس للتضاريس الجغرافية والمناخية دورا بارزا في تحديد ملامح النظام القيمي وبعض من تفاصيله٠

-٤التجربة التاريخية المشتركة - حيث انتظمت أجزاء هذا المجتمع في جسم واحد وتحت سيطرة نظام سياسي واحد، وأنظمة سياسية بعضها من بعض لفترات زمنية طويلة، وقد اتاحت هذه التجربة فرصة كبيرة لاحتكاك وتفاعل أجزاء هذا المجتمع بعضها مع بعض، وقد كان لذلك أثر كبير في توحيد نظام القيم العام٠

-٥الأصل الواحد - حيث اشرنا في الصفحات السابقة إلى أن الشعوب العربية ترجع في أصولها إلى الجزيرة العربية، وهذا يعني أنها انبثقت أساسا من أصل واحد ولا شك بأن الخصائص النفسية للجنس العربي، يبقى لها دور معتبر في بلورة نوعية القيم السائدة في مناطق التواجد العربي٠

-٦التفاعل: والمقصود بالتفاعل هنا أن العلاقة بين أجزاء هذا المجتمع ما زالت قائمة ومستمرة ، حيث يمكن اعتبار هذه الاستمرارية في حد ذاتها رمزا لوحدة هذا المجتمع، ومؤشرا على حيويته٠

والمجتمع العربي يعتبر من النواحي المختلفة- باستثناء الناحية السياسية - مجتمعا واحدا موحدا، تفاعلت أجزاؤه وأقطاره فيما بينها منذ قرون طويلة، وما زالت هذه العملية متواصلة وبدرجات متفاوتة إلى يومنا هذا٠

ويمكن أن نشير إلى شكل ونوع هذا التفاعل من خلال القطاعات والأشكال التالية:

-١قطاع التعليم - حيث تتبادل الأقطار العربية فيما بينها الأساتذة والمدرسين والمناهج والخبرات من جميع المستويات، ابتدائي إعدادي ثانوي جامعي، وهذا التبادل والتعاون يقوم على مسلّمة أساسية، تعد من زاوية أخرى دليلا قويا على وحدة هذا المجتمع وتجانسه، وهي أن الاستاذ والمعلم والمربي من أي قطر عربي كان، لديه قدرة ضمنية أو افتراضية على القيام بدور نظيره في أي قطر عربي

آخر، وكما أن هذه الفرضية الكامنة في الأذهان تعكس صورة القناعة بالوحدة الكامنة في العقلية العربية، فان التبادل من الوجهة الأخرى يجسد مفهوم التفاعل السلوكي بين أجزاء المجتمع الكبير٠

-٢ قطاع الوظائف - رغم أن هناك اختلافاً وتعدداً في الأنظمة السياسية في الأقطار العربية إلاّ أنه يوازي ذلك اتفاق ضمني بين هذه الأقطار جميعا على التعاون والتكامل في مجال تلبية الاحتياجات الوظيفية والعمالية للأقطار المحتاجة، حيث توجد أقطار غنية بالموارد البشرية، كمصر وسوريا والعراق وفلسطين ولبنان والأردن، ودول أخرى تفتقر إلى هذه الموارد مثل دول الخليج وبعض دول المغرب العربي، ويعتبر التفاعل في هذه المجالات قويا وفعالا، رغم العوائق السياسية التي تحد من نموه الطبيعي٠

٣- قطاع الإنتاج والاستثمار - ورغم - أن هذا القطاع يتوفر على الحد الأدنى من التفاعل إلا ان حجم هذا التفاعل والتعاون يبقى دون مستوى الممكن بكثير، وهذا يرجع إلى أسباب سياسية محضة، حيث أن التفاعل على المستوى الرسمي، يحتاج أساسا إلى الاتفاق والانسجام والثقة المتبادلة، وهو ما تفتقر اليه الأنظمة السياسية فيما بينها٠

أما على المستوى الشعبي، فان ما يمنع المستثمرين العرب من تحويل استثماراتهم إلى الأقطار العربية، هو اساسا عدم الثقة في الأنظمة السياسية، وعدم القناعة بقدرة وفعالية الأجهزة القضائية في حماية أموالهم ومصالحهم٠

علما أن المجتمع العربي في عمومه يعتبر سوقا استهلاكية من الدرجة الأولى ومستودعا غنيا باليد العاملة الرخيصة٠

٤-القطاع الاجتماعي- حيث يعتبر الزواج المتبادل بين أبناء الأقطار العربية المختلفة، رمزا لهذا التفاعل في أجمل صوره وغالبا ما يتم هذا الزواج في أجواء موضوعية تعكس الوحدة الحقيقية لأبناء هذا المجتمع الكبير ، كمراحل الدراسة الجامعية أو العمل أو التجارة أو السياحة٠

-٥الدين والسياحة - يعتبر هذا الميدان من الميادين الأساسية التي يجري فيها

التفاعل باستمرار بين أبناء هذا المجتمع العربي الكبير، فالعرب يحجون إلى مكة منذ خمسة عشر قرنا، ويلتقون في كل عام مرة وربما أكثر، وهذه اللقاءات الدورية التي تتم في إطار اوسع وأكبر من الاطار العربي، وهو الإطار الإسلامي، تجدد ثقة العرب بأنفسهم وتقوي الرابطة التي تجمعهم، وتحيي فيهم مزيدا من الشعور بالمسؤولية تجاه الشعوب الإسلامية الأخرى، وهذا بدوره يعزز بصورة غير مباشرة شعورهم بوحدة العرب ووحدة المجتمع العربي٠

إضافة لما سبق، هناك السياحة، حيث تعتبر المنطقة العربية غنية بالمناظر الجمالية المستمدة من تنوع طبيعتها واختلاف تضاريسها، وطول شواطئها، وهي قبل ذلك كانت مهدا للحضارات الإنسانية الأولى، كالحضارة السومرية والآشورية والبابلية والكنعانية والمصرية والفنيقية وغيرها وهذا يجعل منها متحفا تاريخيا زاخرا بالتحف الحضارية النادرة، كالأهرامات والجنائن المعلقة في بابل والبتراء ٠٠الخ٠

وكون اللغة العربية، تعتبر لغة التفاهم والتخاطب الوحيدة المستعملة بصورة فعلية وحقيقية على مستوى هذا المجتمع، فان ذلك يشجع أبناء الأقطار العربية المختلفة على التزاور والتفاهم دون حواجز أو وسائط، أضف إلى ماسبق قلة تكاليف التنقل والإقامة في الأقطار العربية المختلفة - مقارنة مع غيرها -، مما يجعل السياحة إحدى أهم وأنجح وسائل التفاعل بين السكان العرب٠

إلا أن التجزئة السياسية المسيطرة على الواقع العربي، والمتحكمة في امكانياته وقدراته، تحول دون الاستفادة من الامتيازات التي يتمتع بها هذا المجتمع في مختلف المجالات، وهذا يجعلنا نؤكد على أن الاوضاع السياسية السائدة، هي التي تحد بصورة كبيرة من إمكانيات التفاعل الحقيقية بين أجزاء وأقطار هذا المجتمع، وأنه لو أزيلت هذه الحواجز المصطنعة لكانت صورة الوحدة بين أجزائه، أرقى بكثير مما هي عليه في القرن العشرين، ويبدو أن انتشار وسائل الإعلام الحديثة وعلى رأسها الفضائيات العربية ساعدت بصورة مباشرة وغير مباشرة على تحطيم الكثير من الآثار السلبية التي أوجدتها الأنظمة السياسية السائدة في ارجاء هذا المجتمع، سواء على مستوى موضوع الوحدة أو غيره من الموضوعات المشتركة، وقد أصبح المستقبل على ضوء ذلك يحمل الكثير من البشائر التي يحلم بها أبناء هذا الوطن منذ عقود مضت!

هوامش القسم الأول

-١د٠ سعد الدين ابراهيم وآخرون / المجتمع والدولة في الوطن العربي / مركز دراسات الوحدة العربية / بيروت / الطبعة الاولى١٩٨٨/w ص ٣٧٠

- ٢ وهم د٠ غسان سلامة ود٠ عبدالباقي الهرماسي ود٠ خلدون النقيب في المرجع السابق ٠

-٣د٠ محمد محمود الصياد وأخرون / المجتمع العربي / دار النهضة العربية / بيروت / ١٩٧٠/ص(٢٧)٠

-٤د٠ الصياد/ المرجع السابق / ص ٣٥))٠

-٥ محمود طه ابو العلا/ جغرافية الوطن العربي / مطبعة الانجلو المصرية / القاهرة / الطبعة الثانية / ١٩٧٧/ ص٤٠-٣٠٠

-٦ د٠ محمد محمود الصياد وآخرون / المجتمع العربي / مرجع سابق / ص ٢٢-١٩٠

-٧ د٠ حليم بركات / المجتمع العربي المعاصر : بحث استطلاعي اجتماعي / مركز دراسات الوحدة العربية / بيروت / ط (٣)/ ١٩٨٦/ ص٢٣٠

-٨ هناك دراسات حديثة اجريت ضمن اطار المعهد الايطالي " فوندا سيوني ايني انريكو ماتيي" تحت عنوان / انفجار ديمغرافي أم تصدع اجتماعي / قام بها فيليب فارغ - مدير الدراسات في مركز INED- باريس، ذهبت إلى أن المجتمع العربي في الوقت الحاضر بات يعيش انخفاضا حادا في الزيادة السكانية، وترجع الدراسة ذلك إلى أسباب عديدة، يمكن الرجوع اليها في كتاب / ديمقراطية من دون ديمقراطيين / وهو من منشورات مركز دراسات الوحدة العربية بالتعاون مع مركز - FONDAZIONE ENI ENRICO MATTEL / بيروت / الطبعة الاولى / ١٩٩٥٠

- ٩ بلغت -على سبيل المثال- نسبة الوفيات في الكويت نسبة (٤ في الالف) ، في حين بلغت في اليمن نسبة (٢٣ في الالف) ٠

- ١٠لمعرفة نسبة الفتوة في البنية السكانية العربية ، نشير إلى ان نسبة من هم دون سن الخامسة عشرة في العالم كله تقدر ب٣٧% ، ونسبة السكان دون الخامسة عشرة من العمر في السويد هي ٢٣% فقط٠

١١ + ١٢ - ١٠٥ UNESCO- World Education Report ١٩٩٥ Table ٣ P٠٠

-١٣+١٤د٠ حليم بركات/ المجتمع العربي المعاصر / مرجع سابق / ص٨٦-٨٥٠

القسم الثاني
أنماط المعيشة في المجتمع العربي المعاصر ٠

مدخل

عرفت المجتمعات الانسانية منذ فجر الحضارة ، ثلاثة انماط اساسية من انماط المعيشة ، النمط البدوي والنمط الفلاحي والنمط المدني ، وقد تلازمت هذه الانماط في مسيرتها جنبا إلى جنب على مدار التاريخ الانساني الطويل ٠٠

ولعل المجتمع العربي يعتبر من المجتمعات الانسانية القليلة التي استمرت في احتضان هذه الانماط الثلاثة منذ البدايات الاولى لنشوء هذا المجتمع إلى ايامنا هذه ٠٠

ووجه الاختلاف بين اصحاب هذه الانماط يرجع اساسا إلى الاختلاف في طريقة العيش ونوع المهنة التي تمتهنها كل فئة وما ينجم عن ذلك من اختلافات في الطباع والاخلاق والثقافة عموما ٠٠

وقد لعب كل من التقدم العلمي والتطور التكنولوجي دورا بارزا فيالتقريب بين هذه الانماط ، وفتح العديد من قنوات الاتصال والتفاعل فيما بينها ، حيث عملت الدولة الحديثة على شق الطرق وربط هذه الاجزاء والانماط بعضها البعض ، مما يسّر على المجتمعات المنعزلة ، كالمجتمعات البدوية والريفية ، امتلاك وسائل الاتصال والمواصلات وتحطيم جدران العزلة ، والاحتكاك بالتجمعات السكانية الاكبر وهي المدن ٠٠!

وقد كان لوسائل الاتصال والتواصل الحديثة ، كالمذياع والتلفاز والسيارات والطائرات ولواقط الاقمار الصناعية ٠٠ دورا عظيما في اختصار المسافات وفتح القنوات على مصراعيها بين هذه الانماط وتحويل المجتمع الانساني الكبير - بما فيه المجتمع العربي - إلى مجرد قرية صغيرة ٠!

وقد كان من آثار التفاعل بين الانماط الثلاثة عبر الوسائل التي اشرنا اليها سابقا ، انصهار بعضها في البعض الاخر بنسب متفاوتة ، حيث أن علاقة التفاعل في حقيقتها ، هي علاقة صراع بين نماذج حضارية متفاوتة في مستواها ، وقد كانت النتيجة في مصلحة النمط المدني ، فنمط المدينة سواء كان في المجتمع العربي او في

أي مجتمع اخر ، يجسد ذروة الطموح الانساني عند بني البشر ، في مستوى واساليب الحياة المختلفة وكذلك من ناحية التخصصات المهنية والحرفية التي تعكس تراكم الخبرات في المجالات التخصصية المختلفة من جهة ، وتحقيق التكافل الوظيفي بين أفراد المجتمع من جهة أخرى ٠

فالبداوة - كما يذكر ابن خلدون- هي اصل الحضارة ، والحضارة هي غاية البداوة ، لذلك ادى انفتاح هذه الانماط على بعضها البعض إلى بدء عملية ذوبان المجتمعات الريفية والبدوية في اطار المجتمع المدني مما اوجد ظاهرة تضخم العواصم والمدن على حساب الارياف والبوادي ، وهي ظاهرة عربية وعالمية في آن واحد ، وهذا يرجع إلى اسباب حضارية واخرى سياسية ٠

اما الاسباب الحضارية ، فتتمثل في التطور الاقتصادي الذي تتميز به المدن عموما مقارنة بالاوضاع الاقتصادية للريف والبادية ، اضافة إلى تطور قطاع الخدمات وجاذبية الحياة في المدن مقارنة مع غيرها ، وكذلك الاهتمام المتميز للدولة في المجتمع العربي بتنمية العواصم والمدن اكثر بكثير من باقي المناطق الاخرى لاعتبارات عديدة ، اضافة إلى أن نوازع الانسان بطبيعتها تتجه إلى الميل والانجذاب نحو العيش الرغيد والحياة الافضل ، والهروب من حياة البؤس والشقاء ، وهو ما يبدو مهيأ في النموذج المدني ٠٠!!

اما الاسباب السياسية ، فتكمن في ان الدول السياسية الحديثة في المجتمع العربي ، حرصت وسعت منذ نشأتها في بداية واواسط هذا القرن على ادماج المجتمع البدوي على وجه الخصوص في بنية المجتمع المدني ، وضمن هيكلية الدولة ، وذلك للتخفيف من أخطار القبيلة على الدولة ، حيث أدركت الانظمة السياسية خطورة بقاء القبيلة خارج دائرة السيطرة الفعلية للمؤسسة السياسية ، فعملت كل ما في وسعها لتوطين البدو ، ودمجهم في المجتمع المدني الحديث ، وقد نجحت هذه الحملة بنسب متفاوتة بين دول المشرق والمغرب العربي (١)

المهم ان الحواجز بدأت تذوب ، والمسافات اخذت تتلاشى ، والانماط بدأت تتداخل وتتمازج ، وقد أثر ذلك على البنى الاجتماعية والاقتصادية والسياسية وحتى الثقافية للمجتمع العربي بأنماطه الثلاثة ٠

وسنعالج هذه الانماط في الصفحات القادمة ، مرتبة حسب قدمها من الناحية الوجودية ، فنبدأ بالنمط البدوي ثم القروي ثم المدني ٠٠!!

أولا:- النمط البدوي ٠

البداوة (بفتح الباء وكسرها) تعني الحياة المتنقلة في البوادي ، والبادي هو عكس الحاضر واذا كان لفظ (الحاضر) يحمل في طياته معنى الاستقرار والحضور فأن لفظ (البادي) يحمل في طياته معنى التنقل والترحال ، ومن معاني البادية البداية ، او بدء الحياة في الصحراء (٢)

وابن خلدون يعتبر البداوة جيلا طبيعيا من اجيال الحياة الانسانية ، الا انها تعتبر اقدم هذه الاجيال ، وهي الاساس الذي عنه انبثقت الحضارة الانسانية ٠٠

وتبلغ نسبة البدو إلى مجموع سكان المجتمع العربي ٥% ، وتعتبر نسبة قليلة جدا اذا ما قورنت بحجم مساحة الصحراء ، التي تقدر بـ ٨٠% من مجمل مساحة الارض العربية ، وهذا يرجع إلى ان النمط البدوي يعتبر منذ اقدم العصور مصدرا تأخذ منه الانماط الاخرى دون ان يأخذ هو من أي منها (٣)، وتنسجم هذه العلاقة مع تطلعات الانسان نحو الافضل والاكمل ٠٠!!

١-تقسيمات البدو ٠

يقسّم ابن خلدون البدو إلى ثلاثة مستويات اساسية تستند إلى تفاصيل المهنة :-

١- قسم يمارس شيئا من الزراعة الموسمية ، اضافة إلى تربية المواشي والترحال الموسمي ، الا أن الاستقرار يطغى في حياة هؤلاء على التنقل والترحال ، وهؤلاء هم اقرب المستويات البدوية إلى النمط الحضري ، وتشكل هذه المرحلة همزة الوصل التي يعبر من خلالها البدو إلى الانماط الاخرى الاكثر تطورا ٠٠

٢- قسم آخر يعتمد في حياته على تربية المواشي ، كالاغنام والابقار ، وهولاء يدورون حول التجمعات الحضارية وقريبا منها ، ويحتكون بها لتسويق منتجاتهم البسيطة ، من الاجبان والاصواف ٠٠٠ ، ويكونون اقل توغلا في الصحراء ٠٠

٣- قسم يقوم على تربية الابل ، ويعتاش عليها ، وهؤلاء يعتبرهم ابن خلدون اكثر انواع البدو بداوة ، حيث يوغلون في اعماق الصحراء ، ويعتبر نمط معيشتهم من اقسى الانماط واشقاها (٤) ٠٠

وهناك دراسات اخرى حديثة تقسم البدو حسب بعديّ، الرعي واللغة ، وحسب هذا المعيار تنقسم قبائل السودان - مثلا - إلى ثلاثة اقسام :-

أ- القبائل العربية ، وفيها جماعات رعوية ترعى الابقار (٥)، وجماعات رعوية ترعى الابل (٦) ٠

ب- القبائل الرعوية التي تتكلم لغات حامية الاصول (٧)٠

ج- القبائل الرعوية في الجنوب ، وهي من اصول غير عربية ويعتمدون على تربية الابقار ، ويمارسون بعض انواع الزراعة البسيطة في موسم الفيضان (٨)٠٠

وهناك تقسيم اخر يعتمد النسب والمكانة الاجتماعية ، وهذا النوع من التقسيم يسود قبائل الجزيرة العربية ، والبادية السورية ، حيث تنقسم القبائل وفق هذا الاساس إلى ثلاثة اقسام :-

أ- القبائل ذات العصبية التي تفخر باصولها وتتقارب في الكفاءة والمكانة والنسب(٩)٠

ب|- القبائل ذات العصبية والاعداد الكبيرة ولكنها لاتستطيع رد اصولها إلى ارومات عربية ٠

ت|- القبائل التي لم يكن يعترف بها البدو العرب اساسا ، فلم يصاروها ولم يحاربوها ، واطلقوا عليها اسم (صلبة) واعتبروها تابعة لغيرها (١٠)٠٠ وهناك القبائل المشتتة ، التي تعتبر اقل مكانة اجتماعية ، وتمارس اعمال الفلاحة المحدودة والحدادة والخدمة ، ويترك امر حمايتها للقبائل ذات العصبية ٠٠

وهناك تصنيفات وتقسيمات اخرى تعتمد الترحال كمعيار ، حيث يوجد ترحال عمودي في المناطق الجبلية وترحال افقي في المناطق الصحراوية (١١) ٠

نلاحظ من خلال التقسيمات السابقة ان نمط المعيشة ، وما يتعلق به من وسائل وممارسات ، يبقى هو الأساس في تحديد الفوارق في المجتمع البدوي

٢- البنية الاجتماعية ٠

تاثرت بنية القبيلة العربية تأثرا كبيرا بالبيئة الصحراوية التي نشأت وتكونت في احضانها ، حيث انعكست قساوة الصحراء على طباع البدو وعلى أسلوب حياتهم ، كما انعكست وحشتها واخطارها على تماسكهم وعصبيتهم ، وصفاؤها واتساعها على أخلاقهم وثقافتهم ٠٠٠

ويذكر المختصون ثلاثة دوائر رئيسية تتكون منها البنية الاجتماعية البدوية وهي :

اولا: البيت :- ويتكون من العائلة الصغيرة التي تسكن في خيمة واحدة او خيام متصلة ، وتشمل عادة الاب والأم أو الأمهات احيانا ، والأبناء وزوجاتهم وابنائهم ، والبنات غير المتزوجات ، ولكل بيت قطيعه الخاص ٠

ثانيا :الفخذ :- او الحمولة ، وهي الدائرة الثانية في البنية الاجتماعية ، وتتشكل في العادة من عدة بيوتات ترجع إلى جد واحد ، وتمتد إلى نحو خمسة اجيال سابقة ، ويشكل الفخذ وحدة دفاعية واحدة في واقع الحياة القبلية (١٢) ، ويبقى لكل بيت قطيعه الخاص ، الا ان جميع قطعان الفخذ توسم بوسم واحد ، وكانها ملك مشترك للفخذ ٠

ثالثا : القبيلة :- او العشيرة ، وهي الدائرة الكبيرة في التنظيم الاجتماعي البدوي ، وتضم في العادة بين اربعة إلى ستة افخاذ ، ولكل عشيرة شيخها وزعيمها الخاص بها ويبقى لكل عشيرة كيانها وسياستها وسيادتها ، ومواقفها ، وعلاقتها مع غيرها من القبائل ، فهي تشكل وحدة اجتماعية واقتصادية وسياسية واحدة ٠٠٠ (١٣)

وتمتاز الحياة في البادية ببساطتها ، التي تتجلى اساسا في بساطة البنية الاجتماعية للقبيلة ، حيث لا وجود لمفهوم الطبقات الاجتماعية الذي تعرفه المدن والقرى ،فباستثناء الشيخ يعتبر افراد القبيلة متساوون إلى حد كبير ، وهذا يرجع إلى اسباب جبرية ،لامجال للتنكر لها ، أهمها وحدة اصل القبيلة ، فأفراد القبيلة يرجعون إلى جد واحد واصل واحد ، ووحدة أساليب العيش ، فجل ابناء القبيلة يعتاشون بوسائل متشابهة ، تدور حول الرعي وتربية المواشي ٠٠وما يعزز ذلك ان اختلاف القبائل الذي يعني اختلاف الأصول ، يترتب عليه فوارق طبقية فيما بين القبائل نفسها كما أشرنا في الصفحات السابقة ٠٠

٣-قيم النمط البدوي ٠

لا خلاف بين علماء الاجتماع ، على ان البيئة تلعب دورا بارزا في بلورة القيم السائدة وتحديد اتجاهاتها ٠٠ !خصوصا اذا كانت هذه البيئة متصفة بصفات واضحة ومحددة ، كالبيئة الصحراوية ، فالعلاقة بين الخصائص البيئية والقيم الانسانية علاقة طردية ، فاذا نظرنا إلى القيم على انها جزء من نبات البيئة الانسانية ، فمن الطبيعي ان يتاثر هذا النبات سلبا او ايجابا بأجواء البيئة الطبيعية ، التي تشكل اطارا مرجعيا ومحضنا جبريّا للبيئة الانسانية عموما ٠!!

ولا خلاف كذلك في تحديد القيم البدوية ، حيث تعتبر اكثر وضوحا من القيم السائدة في الأنماط الأخرى ، فالقيم في منظومة هذا النمط تتصف بالوضوح والبساطة والمباشرة ، وبقدر الاتفاق على تعريف الصحراء من الناحية الجغرافية ، فان هناك اتفاق يوازيه علىتحديد مفهوم القيم البدوية من الناحية السوسيولوجية ، وينظر إلى هذه القيم في صفاتها وخصائصها على انها انعكاس لصفات وخصائص البيئة الصحراوية ٠٠!!

وسنتحدث عن ابرز هذه القيم ، والتي تتمثل في الفروسية ، الضيافة ، العصبية ،وقيم المعيشة ٠!

١- الفروسية :- وهي من القيم الاصيلة في المجتمع البدوي ، وقد درج العرب على النظر إلى الفروسية كقيمة نبيلة ، لما يتصف به صاحبها من صفات كريمة ، كالشجاعة والبأس والبسالة والاقدام والرجولة والكبرياء ٠٠ والإباء والتعفف والمروءة ٠٠، ودأبوا في عهود ماضية على ارسال ابنائهم إلى البادية لأكتساب هذه القيم الاساسية ، تماما كما نرسل اليوم ابناءنا إلى الجامعات في الدول المتميزة ، لاكتساب العلوم والمعارف ٠٠!

وقد تشكلت قيم الفروسية بتأثير كبير من البيئة الصحراوية ، فقساوة الصحراء وجدبها جعل الرزق ينحصر في اسباب ضيقة ، من اهمها الفروسية ، وقد عاش البدو فترات زمنية طويلة قبل الإسلام يكسبون ارزاقهم بضربات سيوفهم وطعنات رماحهم ، فالهجوم والدفاع يعتبر من مقومات الحياة الاساسية في البادية ٠

وتعتبر الفروسية افرازا طبيعيا لغياب سلطة عليا للبادية ، فاما ان تحمي القبيلة نفسها وابناءها ، واما ان تكون عرضة للضياع والتلاشي٠٠!!

٢- الضيافة :- تعتبر قيم الضيافة والكرم والنجدة والنخوة ٠٠ من اهم القيم التي يتميز بها البدوي ويحرص عليها ويعيش من اجلها ، وقد تألقت هذه القيم بين القيم الاخرى ، وتعدت حدود المفاهيم المجردة ، لتصبح جزءا من التراث البدوي الاصيل ،حيث جسد الانسان البدوي من خلال هذا النوع من القيم ملحمة التحدي الانساني في مواجهة فظاعات الطبيعة ، فالبادية القاسية في مناخها ، والشحيحة في عطائها والموحشة في صمتها وعزلتها واتساعها ٠٠، تناقض تماما ما افرزه فيها الانسان من قيم الكرم والضيافة٠٠ وكأن البدوي بذلك يحارب خصائص الصحراء بقيم الانسان ، فهو يطعم ويعطي رغم شح البادية وبخلها ، ويضيف ويجير رغم وحشتها وقسوتها ٠٠

لذا فكلما ارتفعت راية الكرم في الصحراء كلما ازداد شعور البدوي بالانتصار على الطبيعة ، وكلما انتكست هذه الراية كلما ازداد شعوره بالانهزام والاستسلام ، وتحوله إلى جزء من الصحراء لا إلى سيّد فيها وعليها ٠٠ لهذا لا غرابة اذا رأينا انسان الصحراء لا ينتظر الضيف حتى يقرع بابه ، وانما يبحث عنه قبل أن يأتيه ، فيشعل النار في الليل ليهتدي بها الضيف ، ويستطلع الاخبار في النهار لعله يعثر على انسان يكرمه او ينجده او يجيره (١٤)٠٠!!

ولنفس الغرض تعتبر الضيافة مقياسا للمكانة الاجتماعية للبدوي ، ومعبّرة عن هيبته وقوته ٠٠

٣- العصبية :- تضم قي العصبية الافتخار بالنسب ونصرة القريب ، والثأر وطاعة الكبار ، والمساواة بين افراد القبيلة والحشمة والشرف ٠٠

وقيم العصبية تعتبر - كما هو شأن القيم البدوية الاخرى - نتاجا طبيعيا للحياة الصحراوية ، فقلة سكان البادية ، وكثرة اخطارها ، واستحالة الحياة الفردية بين ارجائها الواسعة ، تلزم افراد القبيلة بالتماسك الشديد ، وتشعرهم بقوة الرابطة التي تجمعهم ، فتتجلى بفعل هذه المشاعر ، مظاهر العصبية القبلية المعروفة ٠٠٠

حيث نجد ان كل ما يمت للقبيلة بصلة مقدس ، فدماء ابنائها ٠٠، وشرفهم ، ومموالهم ٠٠ وكرامتهم ٠٠ وحتى حيواناتهم٠٠ كلها مقدسة او كالمقدسة ٠٠!! ، وعلى ضوء ذلك فقط يمكن ان نفهم ونفسر وقائع(ايام العرب) (١٥) قبل الإسلام ، وكيف ان حروبا كانت تشتعل ولا تنطفيء اربعين سنة ، ثأرا لناقة ، كما حدث في حرب البسوس ، او انتقاما لهزيمة رياضية ،كما حدث في حرب داحس والغبراء ، او مطالبة لدين ، كما حدث في احدى حروب الفجّار الشهيرة ٠٠!!

وقد شاع من قيم العصبية ، نصرة الاخ ظالما او مظلوما - " انصر اخاك ظالما او مظلوما " - ٠٠ إلى ان جاء الإسلام وعمل على تهذيب هذه القيم (١٦) ، لتصبح منسجمة مع تعاليمه واهدافه السامية٠٠

حيث لم تعد قيم العصبية في المجتمع البدوي بعد مجيء الإسلام ، كما كانت عليه قبل ذلك ٠٠!

٤- قيم المعيشة :- ومن اشهرها الصبر والخشونة والبساطة ٠٠ والفطرة والصراحة ٠٠ وصفاء النفس ٠٠ وقد اسهمت البيئة الصحراوية في بلورة وتشكيل هذه القيم على الصورة السائدة في النمط البدوي ، حيث من الصعب على الانسان ان ينشأ في الصحراء ويعيش حياته في احضانها ، دون ان يتعلم مكرها الصبر على العطش والحرّ والجوع والوحشة والجدب ٠٠، كما ان صفاء الصحراء ينعكس من جهة اخرى في الصراحة وصفاء النفس الانسانية ٠٠ ، وهكذا نستطيع ان نلمس المبررات الوجودية لكل قيمة من هذه القيم ٠٠ وقد عرفت الحياة البدوية في المجتمع العربي تغييرا جذريا في مرحلتين اساسيتين من مراحل التاريخ الانساني ، المرحلة الاسلامية التي بدأت قبل اربعة عشر قرنا ، والمرحلة التكنولوجية المعاصرة التي انطلقت مع بداية القرن العشرين٠٠

فعندما ظهر الإسلام كان للبدو الذين اعتنقوه دورا بارزا في حمل رايته وتعاليمه إلى مختلف ارجاء المعمورة ، فساهموا في الفتوحات الاسلامية ، واحتكوا بالحضارات والمدنيات المختلفة ، وامتزجوا بالمسلمين الجدد ، فكان لهذا الانفتاح المزدوج للانسان البدوي على تعاليم ومفاهيم الإسلام التي غيّرت وبدلت وهذبت

كثيرا في مفاهيمه وقيمه من جهة ، وعلى الشعوب والحضارات الانسانية الجديدة والاحتاك بها نتيجة حركة الفتح من جهة اخرى ، دورا كبيرا في تغيير مجرى حياة الكثيرين منهم ، حيث استقروا في المدن ، واصبحوا اداة فاعلة في صنع الحضارة بابعادها العربية والاسلامية والانسانية٠٠!!

ولا غرابة في ذلك ،فقد تضافرت على هذا التغيير تعاليم الوحي الالهي، ونماذج الابداع الانساني ، فالإسلام من جهته غير المفاهيم والقيم والتصورات٠٠ ، والفتوحات من جهتها كشفت عن النماذج والصور والاشكال الحضارية المتعددة ، فانعكس ذلك كله في التغييرات الجذرية التي حصلت على مستوى النمط البدوي العربي في تلك المرحلة٠٠!!

وفي هذا العصر احدثت التكنولوجيا المتطورة ، والصناعات المتقدمة ، تغييرا جذريا آخر في حياة هذا النمط ٠٠، فطرق المواصلات ووسائط النقل ، ووسائل الاتصال ٠٠، كالمذياع والتلفاز ٠٠والعديد من المخترعات والانجازات الانسانية المعاصرة٠٠ ، تضافرت آثارها - المقصودة وغير المقصودة - على اغراء وجذب الانسان من النمط البدوي المنعزل إلى الانماط الاخرى الاكثر تطورا وانفتاحا٠٠!

ومعطيات المرحلة الراهنة ، تؤكد بصورة سافرة ذوبان النمط البدوي واضمحلاله في غيره ، ولذلك اسباب عديدة ، ذكرناها في سطور سابقة ، ولا توجد اساسا مبررات علمية او عقلية تجعل الانسان يحرص على استمرار هذا النمط ، حيث انه يمثل في حقيقة الامر النموذج البدائي لحياة الانسان على هذه الارض ، ويبقى هذا النموذج هو الوحيد من بين النماذج الاخرى الذي لا يكاد يستفيد من التراكمات الحضارية للاجيال الانسانية ، وكأنه غير معني بثمرة هذا الابداع المتواصل ٠٠

ونستطيع ان نؤكد على ان حركة التحول في هذا النمط ، تتجه اتجاها اجباريا نحو الانماط الحضرية ، حيث لا يوجد خلف النمط البدوي انماطا اخرى من المعيشة الانسانية ، لذلك فمن غير المجدي ان نتحدث عن اتجاه التحول في هذا النمط ، ويستطيع الدارس ان يتحدث فقط عن سرعة التحول او بطئه ٠٠، وعن العوامل والوسائل المحفّزة او المثبطة ٠٠!

ثانيا : النمط الفلاحي ٠

١-اشكالية التعريف : -لقد كان ابن خلدون موفقا كثيرا عندما قسم المجتمع الانساني إلى نمطين ، النمط البدوي والنمط الحضري ، فتجنب بذلك الوقوع في اشكالية تعريف هذه الأنماط ، لما يوجد بينها من فوارق واختلافات واضحة ٠

وقد برزت اشكالية التعريف ، بعد ابن خلدون ، وعلى وجه التحديد ، عندما اصبح يدور الحديث عن انماط ثلاثة ، لا نمطين فهذا التقسيم الجديد في مفهومه ، القديم في وجوده ردم الهوّة التي كانت تفصل بين نمطي ابن خلدون ، وبات يظهر للملاحظ ان هذه الأنماط متداخلة ومتصلة بصورة محيرة وعلى وجه الخصوص بين النمط الفلاحي أو القروي والنمط المدني ، حيث شكلت عملية الفصل الدقيق بين هذين النمطين ، وتحديد مفهوم واضح ومتفق عليه لكل منهما ، تحديا صعبا للباحثين والمختصين في هذا المجال ٠٠

فدوركهايم (durkheim)حاول ان يفصل بين هذين النمطين ، استنادا الشكل العلاقة السائدة بين الأفراد داخل النمط ، فاعتبر ان المجتمع الريفي هو الذي تتسم علاقة افراده بالتماسك الميكانيكي ، ٠٠ اما المجتمع الحضري فهو الذي تتسم علاقة أفراده بالتماسك العضوي المنفعي (١٧)

اما (روبرت ردفيليد) فاعتمد الثقافة كمعيار للتمييز بين النمطين ، فالنمط الريفي هو الذي تسوده الثقافة الشعبية ، والنمط المدني هو الذي تسوده الثقافة الحضارية ٠

وهناك (هوارد بيكر) الذي استند إلى نظام القيم في عملية التمييز، ٠٠ فاعتبر ان هناك مجتمعات مقدسة واخرى متحررة (١٨)

وقد خصص الدكتور محمد الجوهري والدكتورة علياء شكري فصلا كاملا في كتابها (علم الاجتماع الريفي والحضري)بسطوا فيه هذه المشكلة بكل ملابساتها وتشعباتها ، فعرضوا الأسس المختلفة ، والنظريات المتعددة التي حاولت جاهدة ، الفصل بين النموذجين استنادا الممبررات مقنعة ٠٠

ومن اهم الاراء في هذا الاتجاه ، ما رآه ابن خلدون ، الذي كان من أوائل من

صنف المجتمع الانساني على اساس النمط المعيشي ، حيث بين أن هناك نمطين من المعيشة ، النمط البدوي ، والنمط الحضري ، واعتبر الزراعة من خصائص النمط الاول حيث يقول عن البدو " ٠٠ ومنهم من يستعمل الفلح من الغراسة والزراعة ومنهم من ينتحل القيام على الحيوان من الغنم والبقر والمعز ٠٠ إلى أن يقول ٠٠ ثم اذا اتسعت احوال هؤلاء المنتحلين للمعاش وحصل لهم ما فوق الحاجة من الغنى والرفه دعاهم ذلك إلى السكون والدعة وتعاونوا في الزائد على الضرورة واستكثروا من الاقوات والملابس والتأنق فيها وتوسعة البيوت واختطاط المدن والامصار للتحضر ٠٠٠ " (١٩)

ثم هناك نظرية هربرت سبنسر ، الذي بنى نظريته على أساس أن المجتمع الانساني يتطور من حالة التجانس إلى حالة اللاتجانس ، فالمجتمع المركب انبثق عن المجتمع البسيط ، ومركب المركب عن المركب ، ومركب مركب المركب عن مركب المركب ، ويفسر ذلك في أن المجتمع البسيط يتكون من الاسر ، أما المركب فيتكون من اسر تتحد في عشائر ، ومركب المركب يتكون من عشائر تتحد في قبائل ، بينما يتكون مركب مركب المركب من قبائل تتحد في في امم ودول ، وكلما ازداد حجم المكونات المجتمعية كلما تعاظم حجم البناء المجتمعي وتطور (٢٠)

وهناك ايضا تصور طرحه اميل دوركهايم ، يقوم على الاستنتاج أن المجتمعات البدائية تتميز بسيادة التضامن الآلي بين أفرادها ، الذي ينجم أساسا عن التماثل بين أعضاء المجتمع ، في حين أن المجتمعات الاكثر تطورا يسود بين أعضائها التضامن العضوي ، الذي ينجم عن التباين الموجود بين أفراد المجتمع (٢١)

كما ناقش المؤلفان كذلك الآراء التي تعتمد المحك الواحد ، امثال (هوب تيزدل) hopetisdale الذي اعتمد المحك السكاني ،و (جوليان ستيوارد) ، الذي اعتمد المحك المهني ، و (وتفوجل)wittfogel الذي اعتمد محك القوة والسلطة ٠٠٠٠

وتبقى مسألة اعتماد المحك الواحد في التفريق بين النمطين مسألة غير حاسمة ، فلا نستطيع ان نفرق بين المجتمع الريفي والحضري في فلسطين مثلا استنادا إلى المهنة ، حيث لم تعد الزراعة تشكل المهنة الرئيسية في الريف الفلسطيني ، وتحول غالبية سكان الريف إلى العمل الحرفي والمهني ، والخدمات ، ولم

تعد هناك فروق مهنية ملموسة بين من يعيشون في الأرياف الفلسطينية ومن يعيشون في المدن الفلسطينية ٠٠٠ وربما يعتبر التركز السكاني هو اصلح هذه المحكات في الحالة الفلسطينية ، وبعض الحالات العربية الأخرى ٠٠٠!!

وهناك علماء آخرون امثال (سوروكين) و(زيمرمان)، و(ردفيلد) ٠٠٠استخدموا المحكات المتعددة في التمييز بين المجتمعات الريفية والحضرية مثل :

١ـ الفروق المهنية ٢ ـالفروق البيئية ٣ـ حجم المجتمع ٤ـ كثافة السكان ٥ـ تجانس السكان وتباينهم ، من حيث الخصائص النفسية والاجتماعية واللغة والمعتقدات وانماط السلوك ٦ - الفروق في شدة الحراك الاجتماعي ٧- الفروق في اتجاه الهجرة ٠ ٨- شكل التباين الاجتماعي ٩- انساق التفاعل ٠

وهناك أخيرا نظرية (جوبرج) في دراسة هذه الفروق ، وهي تستند إلى المعيار الصناعي والتكنولوجي حيث توجد وفق هذا المعيار ، ثلاثة انماط اساسية ، وهي :-

١- المجتمعات التي تمر بمرحلة ما قبل الصناعة ٠ ٢- المجتمعات الانتقالية او النامية ٠

٣- المجتمعات المتقدمة صناعيا وتكنولوجيا ٠(٢٢)

ويستطع القارىء ان يلمس المشكلة المتمثلة في صعوبة الفصل بين هذه الأنماط ، من خلال المرور السريع على الأراء السابقة التي تجسد الاختلاف والتناقض في الموضوع ٠

وعدم الاتفاق النظري في هذه المسألة هو انعكاس لشدة التداخل والتشابك في الواقع التطبيقي المعاش لهذه الأنماط ٠٠!!

والحقيقة ان الريف العربي لم يصل في تداخله وتشابكه مع النمط المدني حدا يعجز فيه الدارس عن تبين الحدود التقديرية التي تفصل بين النمطين كما هو الحال في الولايات المتحدة الامريكية وبعض المجتمعات الاخرى ، فالريف العربي عموما ما زالت تفصله هوة كبيرة عن مجتمع المدينة في عدد السكان والمهنة ونمط المعيشة ٠٠ والعادات ٠٠مما يجعله سهل التمييز إلى حد ما عن غيره٠٠!!

٢- اتجاه التحول :- يتعرض النمط الريفي في المجتمع العربي منذ اواسط هذا

القرن للانكماش والجزر، فبعد ان كان يشكل (٧٥%) من حجم المجتمع العربي في الأربعينيات انخفضت هذه النسبة اليوم إلى اقل من (٥٠%) ، ويرجع التآكل في حجم هذا المجتمع البعدة عوامل أهمها -

١ـ الانفتاح الكبير بين الريف والمدن نتيجة تطور وسائل الاتصال والمواصلات وشق الطرق ، وهذا زاد من الاحتكاك بين النمطين ، ووضع الفلاح وجها لوجه امام عوامل الجذب المدني ومغريات الحياة المدنية الكثيرة ..

٢ـ انتشار التعليم في الأوساط الريفية دون تهيئة الأسباب المناسبة لاستيعاب المتعلمين في تخصصاتهم العلمية ، ومواكبة احتياجاتهم، مما كان يدفعهم للنزوح إلى المدن سعيا وراء العمل المناسب والحياة الأفضل .

٣ـ الحرمان الكبير الذي يعيشه الريف العربي عموما في مجال الخدمات المتعددة ، كالنقص في عدد المدارس ، والمرافق الصحية ، والمواصلات والكهرباء ، والماء والهاتف والاسواق والمرافق الحكومية والرسمية ... في الوقت الذي تتوفر فيه مثل هذه المغريات بكثرة في المدن والعواصم العربية ، مما يدفع بالاشخاص الطموحين إلى الفرار من الريف المحروم إلى المدن المتخمة..

٤-ان ناتج المدخول الزراعي في الارياف لم يعد يغري الفلاح العربي بالاستمرار في الفلاحة كمصدر اساسي للدخل ، وذلك بتأثير سببين مباشرين ، هما :-

الاول - انتشار اساليب الزراعة الحديثة التي تعتمد على المكنكة ووسائل التكنولوجيا المتطورة ، ورؤوس الاموال الضخمة ، مما لم يترك مجالا للفلاحين الصغار -وهم الاغلبية - يمكنهم من المنافسة او يغريهم بالاستمرار!!.

الثاني - وجود قطاع بديل ، وربما يكون اكثر اغراء للفلاح - من الناحية المادية - وهو قطاع العمل والخدمات ، حي توجد اعمال وخدمات لا تتطلب كثيرا من المهارات كالعمل في قطاع البناء والاعمال اليدوية والعضلية عموما، وربما تكون مجدية اكثر من الناحية المادية في هذه المرحلة ..

٥- ان ذوبان المجتمع الريفي في المجتمع المدني ، هو ظاهرة حضارية تتفق وتنسجم مع سنن الحياة في تطور انماط المجتمعات الانسانية ، وكون هذا التطور يسير في الاتجاه

الطبيعي لا يعني ذلك التقليل من حجم المشاكل والمخاطر التي تفرزها هذه العملية ٠
ولا شك ان التحول في هذا النمط تحول قديم ومتواصل ،الا انه ازداد تسارعا في النصف الثاني من هذا القرن ، بفعل عدد من العوامل ، منها ما هو طبيعي يساير توجهات الانسان ونوازعه في السعي نحو الافضل والانجذاب نحو مغريات الحياة المدنية ، ومنها ما هو قسري بفعل شح الموارد الطبيعية ، وفشل السياسات الحكومية ،٠٠كما اسلفنا ٠٠
وقد ظهرت نتيجة العوامل السابقة ،في عمليات النزوح المتواصلة نحو العواصم والمدن ، وفي بروز ظواهر الأحياء القصديرية ، والاختناقات السكانية ، وضمور الارياف وتبدد امكانياتها ٠٠!
ولو وجدت سياسات حكومية راشدة ، فأن التحول في اتجاه النمط المدني لن يتوقف ولن يأخذ الاتجاه العكسي ، وانما سيتواصل ولكن عبر قنوات مضبوطة تجنب المجتمع العربي بانماطه المختلفة، كثيرا من المشاكل التي يعاني منها في الوقت الحاضر ، نتيجة التحولات الارتجالية والفوضوية في كثير من الاحيان ٠٠!!
٣-ركائز النمط ، والإفرازات القيمية :- توجد ثلاثة اسس يرتكز عليها نمط المعيشة الفلاحي ويتميز بها بين غيره من الانماط الاخرى ، وهي الارض ، والعائلة ، والدين ، وتشكل هذه الركائز قواسم مشتركة بين الفلاحين العرب ، على امتداد المجتمع العربي الكبير وقد واكبت هذه الركائز في وجودها وجود النمط الفلاحي منذ اقدم العصور ، فلا امكانية لوجود هذا النمط واستمراره بعيدا عن هذه المرتكزات ، وقد افرزت هذه الركائز قيم هذا النمط التي باتت بدورها تميزه عن الانماط الاخرى ، واصبحت تشكل على مدار الزمن جزءا اساسيا من موروثات وتراثيات هذا النمط٠٠٠
١- الارض:- تحتل الارض مكان الصدارة بين الركائز الثلاث السابقة فالارض في مفهوم ووجدان الفلاح العربي ، تشكل الزاوية الأساس التي من خلالها ينظر إلى نفسه وإلى الحياة وإلى الآخرين ٠ فمعيار الرضا عن ذاته ، مرتبط بمقدار تملكه للارض ، ونسبة نجاحه في خدمتها وافتلاحها ٠٠٠
وتقديره للآخرين مرتبط هو

الاخر بمقدار تملكهم للأرض ،وتبرز هذه النظرة في مواقف ومناسبات مفصلية في حياة الفلاح ، كتقدم احد لخطبة ابنته او اخته ، ٠٠حيث يكون لما يملكه الخاطب من ارض دور بارز في حسم النتيجة ، بالايجاب او الرفض ٠٠!!

وعلى عكس البدوي الذي يعتبر الذل في الأرض ، ويأبى ان يستقر أو يعمل فيها ، فان الفلاح يرى في الارض عزته وكرامته ويدافع عنها ويحرص عليها ، تماما كما يدافع عن نفسه ويحرص على حياته ، وربما يموت من اجلها وفي سبيلها ، دون أن يخشى الموت ، لأن الموت بالنسبة له ، هو امتداد للحياة في الأرض التي عشقها وعاش من أجلها ٠٠ لذا فلا غرابة اذا وجدنا الفلاح يتغنى بهذه الأرض بحجارتها وترابها وثمارها وجمالها ٠٠٠

وقد هيمنت قيمة الأرض في بعض الأقطار على سائر القيم الأخرى ، ليس في النمط الفلاحي وحده ، بل وفي الأنماط الأخرى ، البدوية والمدنية كما هو الحال في المجتمع الفلسطيني ، فقد احتلت الارض عند الفلسطينيين ، مكان الصدارة ، ليس فقط لان نسبة الريفيين مرتفعة - حيث تشكل ٦٢% من مجموع سكان الضفة و ٢٠% من مجموع سكان غزة - وانما لاعتبارات تاريخية وسياسية ٠٠
وهي بالنسبة للفلسطيني مصدرا للخير والعطاء ، ورمزا للعزة والكرامة ، ومعيارا للحرية والسيادة ٠٠ ولعل أجمل صورة عبر عنها الفلسطينيون في الربط بين الانسان والأرض كانت في ثورة أطفال الحجارة ، التي أبرزت علاقة الوحدة والاندماج بين الفلاح العربي وارضه في مقاومة التحديات الخارجية والاخطار الداهمة٠٠!!

ونستطيع أن نطل على مكانة الأرض في عقل وذهن الفلاح الفلسطيني والعربي عموما ،من خلال استعراض بعض مفردات الشعر الوطني الفلاحي المعاصر كأشعار محمود درويش الذي يكثر من الحديث عن الأرض والتغني بها ، ونستطيع ان نلمس ذلك في العديد من الصور والعبارات الشعرية في كثير من قصائده ، واشعاره نذكر منها المقتضبات التالية٠٠ (٠٠٠الأرض التي نحملها في دمنا ٠٠) و(٠٠ مروج تتلاشى في الضباب ٠٠) و(٠٠ الخيل في حقل بعيد ٠٠) و(وانا الحامل عبء الأرض ٠٠)و(٠٠جلدي عباءة كل فلاح سياتي من حقول التبغ كي يلغي العواصم ٠٠) و(٠٠ ومهر جان الأرض ٠٠)و(٠٠كانت الأرض رغيفا ٠٠)و(٠٠وقصيدة الأرض ٠٠) و(٠٠وفي شهر

اذار٠٠٠قالت لنا الأرض أسرارها الدموية ٠٠ و(٠٠ ونشيد التراب ٠٠)و(٠٠واسمّي التراب امتدادا لروحي)و(٠٠سيدتي الأرض ٠٠)و(٠٠وفي شهر اذار تمتد في الأرض٠٠وتنتشر الارض فينا ٠٠)و(٠٠وأنا الارض ٠٠ يا ايها الذاهبون إلى حبة القمح في مهدها احرثوا جسدي ٠٠)

وقد افرزت علاقة الفلاح العربي بالارض على مدار الفترات الزمنية الطويلة مجموعة من القيم الأساسية التي تميز بها هذا النمط عما سواه ، نذكر منها ٠٠

الصبر فعلاقة الفلاح بالأرض تعلمه الصبر دون ان يدري ، فهو يستصلح الأرض ، ثم يزرعها ، ويتعهدها ويرعاها ، ثم يحصدها في موسم الحصاد ، وهو خلال هذه الرحلة الطويلة انما ينتظر ثمرة جهده التي لن تأتي الا بعد شهور من الكد والتعب والانتظار ٠٠ !!

الأمل فالفلاح يزرع في موسم على ان يحصد في موسم آخر ،٠٠ ويبذر البذور الميتة على امل ان تصبح نباتا حيا ٠٠ ، ويزرع ارضا عطشى على امل ان يرويها المطر ولو بعد حين ٠٠ وصبره واطمئنانه رغم طول فترة الموسم دليل على امله في استمرار الحياة ٠٠٠٠ فالأمل قيمة أساسية من القيم التي تفرزها علاقة الفلاح بالأرض ، ويصعب عليه أن يستمر فلاحا بدونها ٠٠ !!

المسايسة لقد تعلم الفلاح ان الارض لاتعطي الانسان بالقوة ، وانما بالمسايسة ، فهي تفرض عليه ابتداء ان يستصلحها ، وان يبذرها ، وان يحرثها ، وان يرويها ويرعاها ، وان يقتلع الأعشاب الضارة منها ، وان ينتظر عليها شهورا حتى تجود عليه بخيراتها وثمارها ، ولا غرابة ان ينعكس هذا الاسلوب على حياة الفلاح ، فهو يسعى إلى حل مشاكله عن طريق الالاح والمسايسة والمجاملة واللجان الاصلاحية والواسطة الخيرة ،٠٠حتى أن البدوي فهم من ذلك ان الفلاح انسان جبان لأنه لا يواجه المواقف على الطريقة البدوية المباشرة ،والحقيقة هي ان علاقة الفلاح مع الأرض غرست في أعماق وعيه المسايسة لا المواجهة التي غرستها الصحراء في أعماق وعي البدوي ٠٠ !!

وهناك نوعان من القوانين ، القوانين الرسمية و" القوانين " العرفية ، والفلاح بفطرته يأبي الخضوع الاختياري للقوانين الرسمية ، لأنها تتكون بطريقة تتناقض مع علاقته بالأرض وتلد ولادة غير طيعية عن مؤسسات رسمية ،٠٠ اما الأعراف والتقاليد

والعادات ، فهي أكثر انسجاما مع طبيعته ، لأنها ببساطة تنبت في بيئته ، تماما كما تنبت البذور في أرضه ، وهو يسهم في تهذيبها وبلورتها ، كما يسهم في تعهد مزروعاته ورعايتها ٠٠

فهذه الصورة المتشابهة بين ثمرة الأرض في مجال الزروع والثمار ، وثمرة البيئة والمجتمع في مجال العادات والأعراف والتقاليد ، جعلت الفلاح يتشبث بهذه الثمار الطبيعية للأرض والمجتمع، ولا يتهاون أبدا في المساس ، بها ويعتبرها في احيان كثيرة افرازات مقدسة ، لا يجوز انتهاكها ولا حتى مناقشتها أو الاعتراض عليها ، الا اذا كانت جهة الاعتراض أكثر قداسة عنده من الأعراف كالدين على وجه الخصوص٠٠٠!!

٢ـ العائلة :- يقتضي العمل في الأرض وجود فريق متكامل من العاملين، يساند بعضهم بعضا في استصلاحها ، وافتلاحها وحصادها ، او قطف ثمارها ، وقد استمرت العائلة العربية في الأرياف تؤدي هذا الدور في صور باهتة إلى أيامنا هذه ٠٠!!

وطبيعة الأرض القاسية ، والواسعة ٠٠فرضت على العائلة العربية قدرا كبيرا من التعاون والتماسك والتواصل ، تجسد بشكل واضح في صورة الاسرة الممتدة ، التي تتكون عادة من الأب والأم والابناء المتزوجين ، وزوجاتهم وأولادهم والجد والجدة ٠٠

ومما يتفق عليه المراقبون الاجتماعيون ، ان العائلة في هذا النمط تتعرض بصورة لم يسبق لها مثيل ، منذ أواسط هذا القرن ، لرياح التغيير الاجتماعي التي باتت تمس بنيتها ووظيفتها ٠٠٠!

اما قبل هذا التغيير فان العائلة الريفية قد تشكلت وتبلورت بتأثير الاحتياجات الوظيفية والحياتية للنمط الريفي ٠٠ فحاجة العمل الزراعي إلى الجهد العضلي المتواصل ، جعل الفلاح يتمسك بأسرته ويحرص عليها ، من جهة ، ويسعى إلى زيادة عدد أفرادها عن طريق الانجاب ، وتزويج الشباب في سن مبكرة من جهة ثانية ، والاهتمام بالذكور والفرح بهم اكثر من الاناث ، باعتبارهم أكثر فاعلية وأهمية في منظومة هذا النمط من جهة ثالثة ٠٠

واذا كانت الأسرة الممتدة تقدم الاجابة على التحديات اليومية التي تجابه الفلاح في اطار هذا النمط ، فان هناك تحديات كبيرة اخرى تمس الجوانب المعنوية والاجتماعية والاقتصادية والسياسية في حياته مما يجعله في حاجة ماسة إلى اطار أوسع وأكبر لمواجهة هذه التحديات ٠٠!!

فتعامله المستمر والمتواصل مع الأرض الخرساء الجامدة يولد فيه الشوق إلى التفاعل مع الناس في اطار اجتماعي واسع يعكس سعة الارض الصامتة التي يعمل ويكد فيها ٠٠!!

وكذلك مناسبات الزواج والأفراح والتعاون في الحصاد ومواسم قطف الثمار ، والتآزر في صد الاعتداءات الخارجية ، والتضامن في التعبير عن المواقف السياسية ومناسبات ومواقف أخرى ، يعجز الفلاح عن التفاعل المتكافىء معها من خلال الأسرة الممتدة او النووية ، مما فرض عليه الانتماء إلى دائرة اخرى أوسع من هذه الدائرة هي الدائرة العائلية ، التي تهيىء أفضل الامكانيات المتاحة للفلاح لمواجهة مثل هذه التحديات الكبيرة ٠ فالعائلة في الريف العربي تشكل الاطار المرجعي للتحديات التي تعجز الأسرة البسيطة عن مجابهتها ،وهي لا ترتقي في مستوى بنيتها وأدائها إلى مستوى العشيرة التي تشكل وحدة واحدة في المجال الاجتماعي والاقتصادي والسياسي وانما تهيىء الحد الادنى من هذه الوحدة في غالبية هذه المجالات ٠٠٠٠٠ وتحاول العائلات الريفية غالبا اظهار تماسكها ووحدتها في المناسبات العامة ، رغم ما يمكن ان يعتريها من خلافات ومنازعات داخلية ، فجهود الاصلاح عادة توازي وتواكب هذه الخلافات ، مما يتيح الفرصة لتجديد حيوية العلاقة العائلية بصورة مستمرة ٠٠٠

ونشير إلى ان هناك مجموعة من القيم التي لها علاقة وثيقة بالعائلة ، وربما تعدّ من بعض الوجوه افرازا لها ٠٠ كالأمومة ، فالأم في مفهوم الفلاح هي أساس العائلة ، تماما كما ان الأرض هي اساس الفلاحة , وكلاهما يشكل في ذهنية الفلاح رمزا للخصب والحنان والعطاء ٠٠

والأبوة ،التي تعتبر رمزا للقوة والصرامة والتضحية ٠٠٠ والأخوة التي ترمز إلى

التعاضد والتعاون والتآزر ٠٠ والشرف الذي يرمز إلى الصفاء والنقاء والطهارة والحرية والسيادة ٠٠٠ والثأر الذي يعبر عن قداسة الانسان والدم والعلاقة والذي تبلور وقوي في العديد من المناطق الريفية بتأثير ضعف السيادة الرسمية على هذه المناطق ٠٠ وقيم أخرى قد تكون أقل أهمية في الحياة العامة ٠

٣- الدين :- يعتبر الدين الركيزة الثالثة من ركائز النمط الفلاحي ، وتعتبر علاقة الفلاح بالدين علاقة قديمة مرت باشكال واطوار متعددة ، ربما كان اقدمها ، كما تذكر كتب الميثولوجيا ، تقديسه للارض وعبادته لها حيث عرفت الأرض باسماء متعددة في بلاد ما بين النهرين وهي بلاد فلاحين ومزارعين كاسم (كي) قرينة (آن) اله السماء ، و(ننماخ وننخرساج ،و مامي، وماما ،ونينتو ، ونيسابا وقد كان الاسم يختلف حسب المهمة التي تقوم بها الآلهة ، فالأرض تحت اسم (نينتو) كانت آلهة للولادة والمخاض، وتحت اسم (ماما أو مامي) كانت تقوم بفعل خلق الكائنات البشرية ، اما لدى الكنعانيين فهي (عشيرة) زوجة (ايل) ، وام الجميع ، وفي آسيا الصغرى هي (سيبيل) ، ام (آتيس) وقد اعتبرت الأرض في مفهوم الفلاح القديم قوة كونية خالقة لها أعضاء تناسلية وتتمتع ببعد ميثولوجي لدى دينات عديدة (٢٣)، حيث يقول (هوميروس) عنها في احدى الأناشيد :

"انها الارض التي اغني
الام الكونية
اليك يعود ايتها الارض
ان تعطي الحياة للأموات
مثلما يعود اليك ان تاخذيها
طوبى للذين تغمريه بكرمك ٠٠٠

وفي الوقت الحاضر لازال الهنود الحمر في امريكا الشمالية يقدسون الارض ويعبدونها على انها الآلهة الام ، فالنمط الفلاحي عمما امتاز بعلاقته مع الدين بشيئين :-

الاول : ابتكار الأفكار والمعتقدات والمعاني الدينية في الأزمان والظروف التاريخية القديمة التي كانت تحول دون انفتاحه على الاديان الموجودة ٠

والثاني : تعميق مفهوم المعاني والمعتقدات الدينية التي توارثها او اعتنقها ٠٠

فظروف النمط البدوي لا تساعد على التدين ، حيث الحياة القاسية ، والتنقل المستمر وراء الماء والكلأ ، وقد اشار القرآن الكريم إلى ذلك بقوله (٠٠ قالت الأعراب آمنا ، قل لم تؤمنوا ، ولكن قولوا أسلمنا ، ولما يدخل الايمان في قلوبكم ٠٠)(٢٤) وقوله (٠٠ الاعراب اشد كفرا ونفاقا ٠٠)(٢٥) وتبقى ظروف النمط المدني اكثر ملاءمة للتدين من النمط السابق الا ان هذا النمط غالبا ما يسترسل في الترف ، او يغرق في دوامة العمل ويبتعد عن الدين ٠٠٠ وقد اشار القرآن ايضا الذلك بقوله (٠٠اذا أردنا أن نهلك قرية ، امرنا مترفيها ففسقوا فيها فحق عليها القول فدمرناها تدميرا ٠٠) (٢٦)

ويبقى النمط الفلاحي هو احرص الانماط على الدين والتدين ، حيث ان ثوابت الدين الكبرى تتقاطع مع اساسيات العمل الفلاحي ، فالفلاح على علاقة مستمرة بفكرة الموت والحياة ، فهو يضع البذور في التراب ، ثم يلحظها وهي تنبعث خضراء يانعة ، فيعزز ذلك ايمانه بقدرة اللـه تعالى على بعث الاموات من القبور ، فالفكرة هي ذات الفكرة ، وصورتها شبيهة بهذه الصورة ٠٠!!

وهو في عمله على علاقة مستمرة بالله يصعب عليه ان يتناساها ، فهو يعلم ان اللـه هو الذي ينبت له البذور والاشجار ، وهو الذي ينزل الماء من السماء ، وهو الذي يهيىء الاجواء لنضج الثمار ٠٠

حيث يجد الفلاح نفسه صغيرا باستمرار بين اجزاء هذه المعادلة المعقدة ، فهو لا يملك القدرة على الانبات ، ولا يملك القدرة على انزال الماء ، ولا يملك القدرة على الانضاج ٠٠ فمن هو اذن ؟

وفي مقابل هذا الشعور تزداد في نفسه عظمة القادر على هذه الامور وهو اللـه سبحانه وتعالى ٠٠٠

اضافة إلى ان الفلاح لديه فرص كبيرة للتأمل لا تتوفر في الانماط الاخرى ، فهو يزرع في موسم وينتظر الحصاد في موسم آخر ، فحياته واضحة ومنظمة ومحدودة

ضمن انساق زمنية معروفة ٠٠ وهي في المقابل غنية بالفضاءات الزمنية الواسعة ، التي تمكنه من التأمل والتفكر بعيدا عن اجواء الصخب في المدن وبعيدا عن اجواء التنقل المستمر في البادية ٠٠ فالتأمل المستقر ، يؤدي إلى تعميق المشاعر الدينية في النفس ، ويمكن ان يكون طريقا إلى اكتشاف او تصويب بعض المفاهيم المتعلقة بالدين ٠٠

فالدين في الريف العربي يحتل مكانة مقدسة لا يسمح بالمساس بها او الاعتداء عليها ، مما يضطر ابناء القرى والارياف المتمردين على الدين ، إلى ممارسة انحرافاتهم في المدن او في اماكن خاصة بعيدة عن اعين الناس ٠٠

وبقي الريف إلى اليوم في كثير من الاقطار العربية نقيا من كثير من التجاوزات التي تكثر في المدن ، وتتعارض مع الدين فلا يوجد في معظم الارياف العربية عموما حانات لبيع الخمور ، او دورا للسينيما او نساء متبرجات ، او ملاهي ليلية ، او مسابح ومتنزهات مختلطة ٠٠٠ الخ

وقد لعب الإسلام دورا كبيرا في بلورة القيم السائدة في الريف العربي ولم يترك مجالا من مجالات الحياة الريفية ، الا وساهم في تشكيله واعادة صياغته بما يتفق مع تعاليمه وتوجيهاته إلى حد كبير ٠٠!

حيث عمل على تعميق وتأصيل القيم المتعلقة بالارض والزراعة والزواج والطلاق والضيافة والبيع والشراء والميراث ٠٠ الخ

ولاشك ان الريف العربي يتعرض كما اسلفنا منذ اواسط هذا القرن إلى تغيرات اساسية مست بنيته ووظيفته وعلاقاته ٠٠ ويمكن ان تؤدي في نهاية المطاف إلى تحول كبير في مستقبل هذا النمط بشكل عام ٠٠

ثالثا:- النمط المدني ٠

لقد تبلور وجود المدن على الاراضي العربية منذ ما يزيد على ستة آلاف سنة ، وقد استمر هذا الوجود وامتد في صور متغيرة متجددة إلى ان اصبح يضم اليوم اكثر من (٥٠%) من سكان الوطن العربي ٠ ويشكل النمط المدني في المفهوم السوسيولوجي اخر اجيال العمران البشري ،

فالمرحلة المدنية في أعمار الشعوب الانسانية تماثل من حيث التطور الزمني ، مرحلة الشيخوخة في حياة الانسان ٠٠٠ وقد اشرنا في الصفحات السابقة ، الا ان اتجاه التحول في الانماط البدوية والريفية ، يتجه نحو هذا النمط ٠

وتكشف الاحصائيات والدراسات عن الحجم الكبير في حركة التحول لصالح هذا النمط ، وهناك من يقسم انماط النمو الحضري في المجتمع العربي إلى ثلاثة مجموعات اساسية :-

١ـ دولة المدينة :-عرف المجتمع العربي المعاصر مجموعة من الاقطار تبلورت بسرعة كبيرة في شكل تجمعات مدنية كبيرة ، حيث أصبحت المدينة الرئيسة في هذه الاقطار تضم معظم سكان الدولة ، فالدولة في هذا النموذج هي المدينة ، والمدينة هي الدولة إلى حد كبير ، وهذا ينطبق بنسب متفاوتة على الكويت ، قطر ، البحرين ، الامارات ، ودولة الامارات تختلف في كونها تضم مجموعة من المدن الاساسية ، كأبو ظبي ، دبي ، الشارقة ٠٠٠ ، الا أن كل اماراة تكاد تنحصر إلى حد كبير في مفهوم المدينة الواحدة ، والجدول التالي يوضح الصورة ، ويظهر التنامي الكبير لسكان المدن الاساسية خلال النصف الاخير من القرن العشرين ٠

النسبة المئوية لسكان الحضر			تطور حجم السكان الإجمالي (بالمليون)			مجموعة دول المدينة
1985	1970	1950	1985	1970	1950	
93	75	40	0.7	0.7	0.2	الكويت
80	70	50	0.3	0.1	0.05	قطر
80	74	71	0.5	0.2	0.1	البحرين
80	55	25	1.3	0.2	0.08	الامارات العربية
86	71	46	3.8	1.2	0.43	المجموع

المصدر :- المجتمع والدولة في الوطن العربي / تحرير سعدالدين ابراهيم / ص(٢١٨) ٠

يستطيع الملاحظ ان يتبين مدى ارتفاع نسبة سكان المدن إلى مجموع سكان الدولة ، الكويت ٩٣% ، وقطر ٨٠% ، والبحرين ٨٠% ، والامارات ٨٠% ، حسب احصائية عام ١٩٨٥ ٠

وتتفوق هذه النسبة على معظم المجتمعات الغربية التي بدأت ثورتها الحضرية منذ قرنين من الزمان ، مثل المانيا وبريطانيا والولايات المتحدة ، وقد كان معدل نمو المدن في دول الخليج في الستينات والسبعينات ، يتراوح بين (١٥- ١٨) بالمائة سنويا ، وتعتبر مدن هذه المجموعة بالمقارنة مع مدن مجموعات النمط الاخرى آخر المدن العربية التي دخلت محلة التحول السكاني والحضري ٠

وبالتالي فان التضخم الهائل في حجم هذه المدن لا يرجع اساسا إلى الزيادة الطبيعية في تعداد السكان الناجمة عن الفرق بين المواليد والوفيات ، بقدر ما يرجع إلى الهجرة الوافدة إلى هذه الاقطار من ارجاء عربية واسلامية وآسيوية ٠٠!

ويلاحظ على هذه المدن ، انها استوعبت الغالبية الساحقة من سكان هذه الاقطار ، لذا اطلق على دول هذه المجموعة ، دولة المدينة ، فالمدينة هنا اصبحت تضم ما يقارب من ٨٥% من سكان القطر ٠٠ الا أن نسبة سكان هذه المجموعة تبقى نسبة متدنية ، مقارنة مع سكان المجتمع العربي ، ولا تتعدى في احسن الاحوال ٥% ٠

٢- المدن المليونية :-

مجموعة المدن المليونية	تطور حجم السكان الاجمالي (بالمليون)			النسبة المئوية لسكان الحضر		
	1950	1970	1985	1950	1970	1985
المغرب	9.0	15.5	22.3	22	35	45
الجزائر	8.9	13.7	21.7	25	35	47

تونس	3.6	4.9	7.0	31	43	55
ليبيا	1.0	2.0	2.8	22	38	63
مصر	20.5	33.3	46.5	32	42	50
فلسطين / الاردن	1.3	2.4	5.4	35	48	72
لبنان	1.8	2.9	2.9	40	55	76
سوريا	3.4	6.1	10.2	35	42	50
العراق	5.2	9.1	15.4	35	43	72
المجموع	54.7	89.9	134.2	30	40	53

المصدر :- المجتمع والدولة في الوطن العربي / تحرير سعد الدين إبراهيم / ص(٢١٨)

تمثل مجموعة هذه الاقطار مركز الثقل الحقيقي للسكان في المجتمع العربي ، حيث يعيش فيها اكثر من ثلاثة ارباع سكان هذا المجتمع ، أي في حدود (٢٢٥) مليونا تقريبا ونلاحظ من خلال الجدول المرفق ، ان نسبة سكان المدن في هذه المجموعة تتراوح في عام ١٩٨٥ بين (٤٥ـ ٧٦)في المئة فتتميز هذه المدن بميزتين اساسيتين ، ميزة جغرافية تستمد من موقعها المتوسط بين الشمال والجنوب حيث تقع على الساحل الجنوبي للبحر المتوسط ، وتعتبر اكثر الاقطار العربية قربا من الغرب ، وتأثرا بالحضارة الغربية ، اضافة إلى انها تضم اشهر واقدم الموانىء في الوطن العربي كالاسكندرية وبيروت وتونس والبصرة والدار البيضاء والجزائر ٠٠ وميزة تاريخية ، تستمد من قدم مدن هذه المجموعة وعراقتها ، فبغداد ، والقاهرة ، ودمشق ، والاسكندرية والجزائر وتونس ٠٠٠ كانت كلها عواصم بارزة لدول عربية اسلامية على مدار التاريخ الاسلامي الطويل ، اضافة إلى ان جميع مدن المجتمع العربي التي يزيد عدد سكانها عن المليون تقع ضمن هذه المجموعة

٣- المدن النامية :-

النسبة المئوية للسكان الحضر			تطور حجم السكان الاجمالي (بالمليون)			المدن النامية
1985	1970	1950	1985	1970	1950	
26	13	2	1.7	1.2	0.7	موريتانيا
25	15	6	20.1	15.6	10.0	السودان
20	10	3	6.3	5.0	4.0	الصومال
25	15	10	0.1	0.08	0.05	جيبوتي
72	35	9	9.6	7.4	3.5	السعودية
20	10	3	6.3	5.0	4.0	اليمن الشمالي
28	34	9	2.0	1.0	0.7	اليمن الجنوبي
27	7	3	1.1	0.6	0.5	عمان
34	18	5	47.2	35.88	23,45	المجموع

المصدر :- المجتمع والدولة في الوطن العربي / تحرير سعدالدين ابراهيم / ص(٢١٨) ٠

وتقع هذه المدن في موريتانيا والسودان والصومال وجيبوتي والسعودية واليمن وعمان ، وتقع جميعها في النصف الجنوبي من الوطن العربي وتحتل المرتبة الدنيا في السلم الحضاري بين المجموعات السابقة ، حيث أن المدن في هذه الاقطار لاتضم اكثر من ٢٥% من السكان ، باستثناء السعودية التي نمت مدنها بصورة كبيرة خلال الربع الاخير من هذا القرن ٠

والتركز القوي للنمط البدوي في هذه الاقطار هو الذي يقف وراء ضعف النمط المدني فيها ، وتتصف مدن هذه المجموعة بالطابع الريفي في تنظيمها الاجتماعي وفي مبانيها وشوارعها واسواقها باستثناء المدن السعودية التي خرجت من اطار هذه المجموعة وانضمت إلى قائمة المدن المليونية بفعل الجذب البترولي والاستثماري الكبير الذي شهدته المملكة على مدار العقود السابقة ٠٠

وليس الهدف من الجداول السابقة تقديم احصائيات دقيقة عن سكان المدن العربية الكبيرة ، او حتى تحديد نسبت سكان المدن إلى السكان الآخرين ، وانما الهدف الاساس هو تقديم مؤشر نسبي للدلالة على التمركز السكاني في الاقطار العربية ، وعلى نسبة التحول نحو النمط المدني خلال النصف الاخير من القرن العشرين ، وهو ما نعتقد أن الجداول السابقة تكفي للدلالة عليه ٠

***

٣-المدن العملاقة ٠٠ والتحديات الصعبة*:- بدأت تتبلور ظاهرة المدن المتخمة بالسكان في المجتمع العربي منذ اواسط هذا القرن ، وهي على وجه العموم ظاهرة عالمية ، الا انها تميزت في هذا المجتمع على وجه الخصوص ، بتضخم مدينة واحدة في كل قطر عربي على حساب الارياف والمدن الاخرى في هذا القطر ، باستثناء بعض الدول التي كان لمساحتها الجغرافية وتوزع ثرواتها الاقتصادية دورا في التخفيف من هذه الظاهرة التي تكاد أن تكون عامة وطامة في جميع ارجاء الوطن العربي ٠

وهذا التضخم الحاد في حجم العواصم العربية ظاهرة لا تكاد تكون معروفة على هذا الوجه في غالبية الدول المتقدمة ، ففي الولايات المتحدة والمانيا والهند وتركيا والصين والباكستان ٠٠ نجد ان العاصمة السياسية ليست اكبر المدن ، وان المدن الكبرى تتقارب في احجام سكانها ٠٠

اما في البلدان التي تكون العاصمة السياسية فيها هي اكبر المدن مثل فرنسا وبريطانيا وايطاليا وروسيا وايران ، فاننا نجد الفارق في الضخامة بين العاصمة والمدينة الثانية او الثالثة ليس في المستوى الذي نجده في معظم اقطار الوطن العربي ٠٠

وباللجوء إلى طريقة (الحجم والمرتبة RANK-SISERULE-) التي وضعها العالم الالماني (فليكس اورباك FELIX AWERBECK-)واستعملها فيما بعد علماء الاجتماع الحضري في قياس التوازن الحضري بين احجام المدن ، نستطيع ان نتبين بالنسب حجم الاختلال الكبير في المجتمع العربي الناجم عن ظاهرة تضخم العواصم السياسية ، فهذه الطريقة تقول ان اكبر مدينة في أي دولة لا يجب ان تزيد كثيرا عن ضعف سكان المدينة الثانية في هذه الدولة ، وان لا تزيد هذه الاخيرة عن ضعف سكان المدينة الثالثة ،٠٠٠ وهكذا ، وبينت انه في حال اختلال هذه النسب كثيرا بين مدن القطر الواحد فان ذلك ينعكس على تشوه الهيكلالحضري للمجتمع ككل ، ويتجلى ذلك في مضاعفات اقتصادية واجتماعية وسياسية ٠

وترجع نسبة التضخم التي تتسارع بنسبة (٥ـ٦%) سنويا إلى اسباب عديدة اهمها تظافر عوامل الطرد في الارياف وعوامل الجذب في المدن حيث شكلت العلاقة بين هذه العوامل مجتمعة جسرا عبرت وما زالت تعبر من خلاله الافواج المهاجرة من النمط الريفي والبدوي إلى النمط المدني على وجه الخصوص إلى العواصم والمراكز المدنية الاساسية٠

وقد تحدثنا عن هذه العوامل بشيء من التفصيل في المباحث السابقة ونكتفي بالاشارة هنا إلى مثال بسيط يوضح الانحياز المطلق للسياسات الحكومية إلى جانب العواصم على حساب الاطراف الاخرى ، فالخرطوم مثلا يتركز فيها نصف اطباء السودان رغم انها لا تضم اكثر من (١٠%) من السكان ، وبيروت كانت إلى اواخر السبعينيات تحتضن كل الجامعات اللبنانية رغم ان سكانها لا يتجاوزون (٣٥%) من مجموع السكان ، والقاهرة تضم (٥٠%) من الصناعات المصرية واجهزة الهاتف رغم انها لا تشكل اكثر من)٢٥%) من مجمل السكان ٠٠ الخ

فالاختلال الكبير الذي يصب في مصلحة العواصم السياسية على حساب البوادي والارياف يعتبر من اهم دوافع ومبررات النزوح السكاني نحو المدن ٠٠

وتقوم بعض الاقطار مثل مصر والعراق والجزائر بمحاولات لدفع عجلة الهجرة في الاتجاه المعاكس عن طريق تشجيع الاستقرار والاستثمار خارج العواصم التي اصبحت مثقلة بالازمات وتعاني من الافرازات السلبية نتيجة التضخم السكاني الا ان هذه المحاولات لم تتعد بعد طور التجارب السطحية ولم تدخل مرحلة جدية يمكن التفاؤل بنتائجها ٠

وقد طفت على السطح مجموعة من المشاكل والتحديات الخطيرة كافرازات طبيعية لهذه الظاهرة تتمثل في المشكلات التالية :

١ـ الازدحام : نتيجة التضخم السريع والكبير للعواصم العربية برزت وتفاقمت هذه المشكلة بصورة ملفتة للنظر ، فاعداد السيارات والمركبات تتزايد وتتضاعف وكذلك حال الوافدين والمهاجرين مما يجعل من التنقل والتحرك في معظم هذه العواصم مشكلة حقيقية وقد شاهدت الكثير من المواطنين في القاهرة والجزائر يوقفون

سياراتهم على اطراف هذه المدن ، ويواصلون جولاتهم بواسطة الحافلات العمومية او سيرا على الاقدام تجنبا للازدحام الشديد ورضوخا للنقص الفادح في مواقف السيارات ٠٠

٢ـ مشكلات ادارية : تتعلق بصعوبة انجاز المعاملات والاكتظاظ على ابوب الدوائر الرسمية والروتين والبيروقراطية والفوضى الادارية وكلها مؤشرات على عجز المؤسسات السياسية والادارية عن استيعاب حاجات سكان المدن المتزايدة ، ليس فقط بسبب ضعف التجربة العربية في المجال الاداري الرسمي ، وانما ايضا بسبب الطوفان السكاني الذي اربك جميع المحاولات الجادة في هذا القطاع ٠

٣ـ مشكلات خدماتية : تتعلق بعجز المدن والعواصم العربية عن توفير المياه الصالحة للشرب بشكل مستمر ومنتظم والنقص الكبير في المرافق الصحية والمرافق التعليمية ، وخطوط الهاتف والخدمات الهاتفية والتخلف المزري في مجال الصيانة والترميم والاصلاح وتعتبر مشكلة الصرف الصحي للقاذورات والفضلات من ابرز التحديات التي تواجه العديد من الدول العربية إلى اليوم ٠

٤ـ مشكلات السكن : فازمة السكن تعتبر من القواسم المشتركة بين جميع المدن العربية دون استثناء فالمدن الغنية والفقيرة في اقطار المشرق والمغرب تعاني من هذه الازمة الحادة ومن مضاعفاتها ٠

٥- البطالة والبطالة المقنعة - وهي من افرازات الاكتظاظ السكاني ، حيث اصبحت تعاني المدن الفقيرة من ارتفاع نسبة البطالة ، وقد فشلت العديد من السياسات الحكومية المتعاقبة في احتواء تفاقم هذه المشكلة ، في حين لجأت الدول النفطية إلى تقنيع هذه المشكلة والتقليل من حدتها الظاهرية على الاقل اجتماعيا وسياسيا ٠٠

٦- مشكلة اللاستقرار - وهي مشكلة جديدة وخطيرة ، باتت تهدد مستقبل العواصم العربية دون استثناء ، فالتضخم الفجائي لهذه المدن واحتوائها على جنسيات متعددة ، واحزاب مختلفة وقوى ظاهرة وباطنة ومصالح متضاربة ومتصارعة ، وعدم التجانس السكاني والثقافي والوظيفي والانتمائي ٠٠ اضافة إلى تسلط الانظمة وغياب المؤسسات الديمقراطية الفاعلة التي كان يمكن ان تكون متنفسا

لاطراف هذه المعادلة المتداخلة والمعقدة ، وايضا تفاقم حدة المشاكل التي ذكرناها في السطور السابقة ٠٠ كل ذلك ادى إلى العديد من الاحداث والقلاقل والفتن داخل عدد من هذه العواصم ، والمراقبون لا يتفاءلون كثيرا بالهدوء والسكون الذي تنعم به معظم العواصم العربية الاخرى ٠٠

فاللاستقرار يمكن ان يكون المشكل الاكثر حدة من بين المشاكل الاخرى التي ستتفاقم وتستمر في تحدي المدن العربية في بداية القرن الواحد والعشرين ٠٠

٢-تركيبة النط المدني :- يتميز النمط المدني عن الانماط الاخرى في اسلوب معيشته وبنيته وعلاقات افراده ٠٠ فكما تتمحور معيشة افراد النمط البدوي حول الرعي وتربية المواشي ، وافراد النمط الريفي حول الزراعة والعمل في الارض ، تتمحور معيشة افراد هذا النمط حول التجارة والصناعة والخدمات ٠

فالمهن المركزية التي يمتهنها النمط تعتبر من المحكات الاساسية في تمييز الانماط بعضها عن بعض ٠٠ والمدن العربية عموما تمتاز بوجود تمثيل للمؤسسات الرسمية والشعبية بنسب متفاوتة كالوزارات ومراكز الامن والمحاكم والجامعات والمعاهد والبنوك ودور السينما والصحافة والمطاعم والمقاهي والنوادي والفنادق والمستشفيات ٠٠ والبريد والمرافق الترفيهية ٠٠٠ وكثرة هذه المؤسسات وتشابك علاقاتها وتكامل اهدافها وتعقد بنيتها والتفاعل المستمر بين أدوارها ، كل ذلك ادى إلى افراز مستويات مختلفة من السكان في المدن ، قسم منهم تمحور حول المستوى العلمي والثقافي وقسم حول الفكر الأيديولوجي والعمل السياسي ، وقسم آخر حول المهنة او الحرفة والنقابات المهنية ، وقسم رابع حول مستوى وقيم المعيشة ومكان السكن ، وهكذا تشكلت المستويات المختلفة والطبقات المتفاوتة وقد كانت العائلة العربية إلى وقت قريب جدا وما زالت في بعض الاقطار تعتبر اساسا في التصنيف المهني والحرفي داخل المدينة حيث كان إلى عقود ماضية جل ابناء العائلة يمتهنون مهنة او حرفة يتوارثها الابناء عن الاباء ، وتشكل على مدار السنين تراثا للعائلة وشعارا لها تعرف به بين العائلات الاخرى ، ومن خلال هذه الحقيق نستطيع ان نفسر تشابه الاسماء بين العائلات في المدن العربية العديدة ، حيث يقع العديد من المثقفين ، في خطأ الاعتقاد بان اسماء

العائلات المتشابهة كاللحام والبيطار والخباز والدهان والبستاني والحطاب والبنا ٠، والنجار والخياط ٠٠الموجودة في القدس ودمشق وبيروت وبغداد والقاهرة ٠٠ ترجع إلى اصل عائلي واحد ،والحقيقة غير ذلك ، فهذه العائلات كانت تنسب إلى المهنة التي كانت تزاولها ، فتشابه المهن في المدن العربية منذ اقدم العصور إلى ايامنا هذه ، انعكس على تشابه اسماء العائلات في المدن المختلفة ٠٠

ورغم استمرار العديد من ابناء العائلات في بعض المدن في ممارسة المهنة التقليدية للعائلة ، الا ان هذا التقليد لم يعد يعني الكثير من ابناء هذا الجيل بسبب انتشار التعليم والتطور التكنولوجي الذي لم يترك مجالا لاستمرار الحرف والمهن بصورة واسعة ، وحل محلها الصناعات المتطورة ٠٠ اضافة إلى توسع قطاع الخدمات نتيجة للتقدم الانساني والانفتاح العالمي ، ٠٠

وقد اثرت هذه التغيرات بدورها على شكل الاسرة ، ودفعتها إلى التحول من الاسرة الممتدة إلى الاسرة النووية بسبب تقلص مبررات الشكل الاول ، وتنامي اسباب التحول نحو الشكل الاخر ، فانتشار التعليم الحديث ادى إلى توزيع جديد لادوار ابناء المدن لم يعد يحفل كثيرا بالخلفية المهنية للعائلة ، وقد انتهى ذلك باختلاط وتمازج الادوار في المؤسسات المدنية الجديدة ، حيث اصبح ابناء عائلات متعددة يعملون في اطار واحد متكامل ، بعد ان كان اباؤهم واجدادهم يعملون في مهن مختلفة ومنفصلة ٠٠

الا ان هذا الاختلاط والتمازج في الادوار لم يمنع على ما يبدو وجود الاختلاف في المستويات المعيشية والاحياء السكنية ٠٠٠

فنجد المدن العربية تشترك في ظاهرة عامة تتمثل في وجود الاحياء الفقيرة والاحياء الغنية ، ويذكر حليم بركات مجموعة نقاط ذات اهمية تتصل بواقع هذه الاحياء ، مثل ٠٠

- ان عناوين المنازل تعرف عادة حسب الحي والمالك وبعض المعالم ، اكثر مما تعرف حسب اسماء الشوارع والارقام ٠٠
- كما تسود في الاحياء العلاقات الشخصية الوثيقة ، مما يجنبها ظاهرة التفسخ

الاجتماعي الذي تعرفه المدن الصناعية في الغرب ، والذي يؤدي إلى انتشار الانحراف والانتحار والادمان ٠٠، وتقع مسؤلية الضبط الاجتماعي على عاتق سكان الحارة ٠٠

- يشكل الحي او الحارة وحدة اجتماعية ايكولوجية (ECOLOGICAL) تامة مترابطة تملك ثقافة فرعية (SUB -CULTURE) ضمن ثقافة المدينة الاعم ٠٠

- كثيرا ما تسمى الاحياء باسماء العائلات او الجماعات الاثنية والطائفية التي تقطنها ، (حارة اليهود ٠٠ الشركس ٠٠ الاكراد ٠٠ السريان ٠٠) او باسماء المهن فيها وقربها (حي النحاسين ٠٠ العطارين ٠ الصاغة٠٠) ٠٠!!

- ان المهاجرين من القرى إلى المدن يميلون للسكن حيث يعيش اهل منطقتهم او قريتهم او اقاربهم ، ويؤكد بركات على ذلك بما اوردته (جانيت ابو لغد) في مصطلحها (ريفية المدن - RURALIZATION) حيث تعيش عائلات القرية الواحدة في حي واحد ، وينقلون معهم عاداتهم وتقاليدهم وقيمهم وانماط معيشتهم٠٠

- تفتقر المدن العربية للتخطيط ، وخاصة فيما يتعلق بالحدائق العامة ، والشوارع والابنية ، فتنمو عفويا حسب المصالح الخاصة والانتماءات والولاءات الاولية٠٠

- تحتضن الاحياء في المدن العربية ، نشاطات عدة تشمل الدكاكين والمحلات العامة والصناعة البسيطة ٠٠ والباعة المتجولون ٠٠ والمقاهي ٠٠

وهكذا نلاحظ ان النمط المدني في المجتمع العربي ، يتلاقى فيه القديم مع الجديد ، وتتجاور فيه وتتمازج ثقافة الريف مع المدينة ٠٠ والثقافة الاسلامية الاصيلة مع الثقافات الغربية الدخيلة٠٠!!

٣-النمط المدني ٠٠ واشكالية القيم :-عندما يشرع الباحث في دراسة وتحليل المنظومة القيمية السائدة في المدن العربية ، يصطدم بمعوقات حقيقية تتبلور في صعوبة تبيين وتحديد مصادر هذه القيم ، نتيجة للتفاعلات الحضارية المختلفة والمتعددة ، التي تمت في اطار المراكز الحضرية العربية على مدار قرون طويلة من الزمن ، فالشعوب الانسانية التي استوعبها الإسلام - وهي كثيرة ومتنوعة- كالاسبان وشعوب الاناضول ٠٠ والقوقاز ٠٠ وايران ، والهند والصين ٠٠ امتزجت بسكان المدن العرب في بغداد ٠٠ والقاهرة ٠٠ ودمشق ، وتلمسان ، ومراكش ، وتونس ٠٠٠الخ

وفي مواسم الحج ومراكز التعليم وساحات الجهاد والقتال ، والتجارة ، من خلال هذه الوسائل وغيرها تأثرت المراكز الحضرية في المجتمع العربي بالكثير من القيم والسلوكيات والمفاهيم المتعلقة بشؤون الحياة المختلفة ٠٠

وكون المدن هي الاوساط التي تمت فيها هذه الاحتكاكات والتفاعلات ، فان آثار هذه العملية المعقدة انعكست مباشرة على سكان هذه المدن ، على ثقافتهم وسلوكياتهم وعاداتهم ، وهذا مما يزيد المسألة صعوبة وتعقيدا عند محاولة تحديد وبلورة قيم النمط المدني من جهة ، وعند محاولة تعميم هذه القيم على سائر أجزاء النمط في المجتمع العربي باكمله من جهة أخرى ٠٠!!

ويحاول البعض اتخاذ هذه الصعوبة ذريعة لمهاجمة فكرة المجتمع العربي الواحد ، والحقيقة هي ان هذه الاشكالية لا ترجع إلى اختلاف في الاطار الثقافي العام ، فالمرجعية الثقافية لجميع الاقطار العربية هي الثقافة الاسلامية ، ويتفق الملاحظون ان هذه الثقافة بدأت تسترجع قدرتها على هضم الفوارق القيمية وازالة الشوائب الثقافية من بين الشعوب العربية ، منذ بداية العقد الثامن من هذا القرن ، وترجع هذه الاشكالية اساسا إلى اختلاف التجربة القهرية التاريخية المعاصرة للشعوب العربية بفعل هيمنة القوى الاستعمارية المتعددة على اجزاء وارجاء العالم العربي والاسلامي ، وما تبع ذلك من تجزئة سياسية فسيفسائية لم يعرفها هذا المجتمع منذ فجر الإسلام إلى نهاية القرن التاسع عشر ٠٠

فالاستعمار الفرنسي سيطر على اقطار المغرب العربي ، وسوريا ولبنان ٠٠ والاستعمار البريطاني سيطر على منطقة الخليج والعراق٠٠ ومصر والاردن وفلسطين ٠٠ والايطالي على ليبيا ، ولأن المدن كانت على الدوام تشكل مركز الهيمنة الاستعمارية فان سكانها كانوا اكثر عرضة من غيرهم للتأثر بالقيم والمفاهيم والسلوكيات الاستعمارية ، خصوصا في الاقطار التي طالت فيها فترة الاستعمار ٠٠ كالجزائر التي عشش فيها الاستعمار الفرنسي اكثر ن مائة وثلاثون سنة٠٠!!

ولا شك بأن هناك اختلافات في القيم بين الفرنسيين والاسبان والبريطانيين والايطاليين٠٠ وقد انعكس هذا الاختلاف بنسب متفاوتة على سكان المدن العربية التي استعمروها ٠٠

ولا يعني هذا ان سكان المدن كانوا مجردين من القدرة على المقاومة الثقافية والقيمية ، بل انا نعتقد انه من اسباب الصحوة الاسلامية العالمية المعاصرة ، مقاومة الغزو الثقافي الغربي الذي واكب في انطلاقته زحف الجيوش الغربية نحو المجتمع العربي والاسلامي ، واستمر في مقارعة الثقافة الاسلامية إلى ما بعد انحسار المد الاستعماري إلى اليوم ٠٠

الا ان ذلك لايعني انه لم يكن هناك تأثير للغالب في قيم ومفاهيم المغلوب ، فنظرة عابرة على احوال الناس في المدن العربية تكشف مدى هذا التأثر والتأثير في مختلف مجالات الحياة فيما يتعلق ٠٠ بالمأكل والمشرب والملبس والمظهر العام ، اضافة إلى العديد من انماط السلوك الغريبة ، ومسائل اخرى عديدة ٠

واشكالية القيم في هذا النمط لا تنحصر فقط في اللاتجانس في عدد من القيم بين مدينة واخرى ، كبغداد والجزائر على سبيل المثال ، وانما في اللاتجانس القيمي داخل المدينة الواحدة ٠

فالعواصم وغالبية المدن الرئيسة في الاقطار العربية ، تضم بين جنباتها مستويات مختلفة من الناس ، فهناك احياء فقيرة مكتظة ، واخرى غنية مرفهة ، وهو اختلاف على مستوى الدخل والمعيشة ٠٠

وهناك الموظفون والعمال البسطاء ،والاثريا والوجهاء ٠٠ وهو اختلاف على المستوى المهني والاجتماعي ٠٠

وهناك السكان الاصليون ، والمهاجرون٠٠ من الريف والبادية واقطار اخرى ٠٠ وهو اختلاف في مستوى الخلفية الثقافية ، والقومية ٠

ويتميز كل مستوى من المستويات السابقة ، بمجموعة من القيم الخاصة به ، والتي تلائم وضعه الاجتماعي في بنية هذا النمط ٠٠

وتؤكد العديد من الدراسات السوسيولوجية التي اجريت على شرائح هذا النمط ، التشابه الكبير بين هذه القطاعات والاجزاء بما فيها التشابه القيمي ٠٠

فالشريحة العمالية العربية تتقاطع وتتلاقى في نظرتها إلى الرزق وسبل سعيها اليه ، وفي مفهومها للسلطة ، والفقر ٠٠ والغنى والشرف والجيرة ٠٠ والدين والتدين ٠٠

وكذلك حال الشرائح الاخرى ، باستثناء شريحة الوجهاء والاثرياء الذين تتلاقى قيمهم او تختلف احيانا بناء على درجة الانفتاح او الانعزال على المجتمعات الغربية والانسانية الاخرى٠

فالباحث بناء على ما سبق يستطيع ان يتحدث عن قيم الحي او الحارة ، وعن قيم الفئة او الشريحة ٠٠ وعن قيم المدينة ٠٠ وعن قيم النمط ٠٠ فكلها دوائر قيمية متداخلة تحتفظ فيها كل دائرة بخصوصيتها ، الا انها تنضوي جميعا ضمن دائرة النمط وتتقاطع في اطار القواسم القيمية المشتركة ٠٠!!

هوامش القسم الثاني

١- اعتقد من خلال اطلاعي الميداني أن التحول في نمط المعيشة من النمط البدوي إلى النمط الريفي او المدني مرتبط اساسا بقناعة البدوي ، اكثر مما هو مرتبط بارادة السياسي ، حيث يمكن للسياسي ان يقدم الاغراءات المدنية للبدوي ، الا انه ليس بالضرورة ان ينجح في تغيير نمط حياته ، وقد شاهدت بنفسي اثناء وجودي في الجزائر العديد من القرى النموذجية التي بنتها الدولة في الجنوب الشرقي من الجزائر لاسكان البدو ، الا ان التجربة فشلت وتحولت غالبية هذه التجمعات إلى خرب حقيقية ، وقد رأيت بعضهم يستعمل هذه المباني في ايواء المواشي والحيوانات ، اما البدو انفسهم فيسكنون الخيام وبيوت الشعر التي نصبوها حول هذه المباني ٠٠!!

٢- د٠ حليم بركات / المجتمع العربي المعاصر / مرجع سابق / ص (٦٦)

٣- بدأ اليهود - على سبيل المثال - حياتهم بدوا ، وقد اكد ذلك كتب التاريخ والكتب السماوية ، حيث يذكر اللقرأن الكريم ذلك في قوله تعالى { ٠٠ورفع - يوسف - ابويه على العرش ، وخرّوا له سجّدا ، وقال يا أبت هذا تأويل رؤياي من قبل قد جعلها ربي حقا ، وقد احسن بي اذ أخرجني من السجن وجاء بكم من البدو ، من بعد أن نزغ الشيطان بيني وبين اخوتي ، ان ربي لطيف لمّا يشاء ، انه هو العليم الحكيم } سورة يوسف : آية ١٠٠

فهؤلاء الذين عاشوا حياتهم يرعون الاغنام والمواشي ، ويتنقلون من مكان إلى اخر بحثا عن العشب والماء ، لم يبق منهم اليوم بدويا واحدا ، وقد تحولوا جميعا إلى نمط آخر من العيش هو هو النمط المدني ، وهكذا كان حال كثير من الشعوب بما فيها الشعب العربي ٠٠

٤- ابو زيد عبد الرحمن بن محمد بن خلدون / مقدمة ابن خلدون / تحقيق علي عبد الواحد وافي / القاهرة / لجنة البيان العربي / ١٩٥٧ - ١٩٦٢/ ج(٢)- ص (٤١٢) ٠

٥- مثل قبائل البقارة الذين ينتسبون إلى الجعليين ، او جهينة او بني فزارة ، ومن اشهر قبائلهم الجمع وسليم وبني جرار والتعايشة

٦- مثل قبيلة رفاعة وقبائل الكبابيش الذين ينتقلون مع ابلهم في ترحال مستمر من النيل الابيض إلى الصحراء الكبرى ٠٠

٧- مثل قبيائل البجا التي تضم عشائر تسكن شرق النيل ويعرف اكثرهم اللغة العربية ٠

٨- مثل قبائل الينكا والنوير والشلوك والانواك ٠

٩- مثل قبائل عنزة ، ومنها رولة وشمر والمطير والظفير وبني مرة وبني خالد وعتيبة وقحطان والدواسر والمناصير وبني ياسين والقواسم والحويطات ٠

١٠- هناك صلبة التابعين لقبيلة شمر ، وصلبة العميرات، وصلبة رولة ٠٠٠

١١- لمزيد من التفصيل انظر د٠ حليم بركات - مرجع سابق - ص٦٦- ٦٨ ٠

١٢- يضرب حليم بركات على ذلك مثالا من واقع الدولة الحديثة ، حيث يذكر ان " ٠٠٠ الحروب القبلية في الجزيرة العربية انتهت بقيام الدولة السعودية ، ٠٠ الا ان الفخذ ما يزال حتى الوقت الحاضر يشكل وحدة عسكرية مهمة في الحرس الوطني ، ٠٠ وتقع ملكية الآبار عادة في الافخاذ٠٠" ص٦٩ ٠

١٣- د٠ حليم بركات / المجتمع العربي المعاصر / مرجع سابق / ص٦٩
١٤-البدو يصنفون الضيوف إلى انواع ٠٠ الضيف الحبيب او العزيز ، الضيف الصديق ورفيق الطريق وضيف الحسنى وضيف الحاجة والضيف الفضولي وعابر السبيل والضيف العزّب ٠٠ ومن تقاليد الضيافة عند البدو ، اشعال النار في الليل كي يهتدي بها التائهون في الصحراء ، وتقديم القهوة وعدم النعس امام الضيوف وعدم رفع الصوت او الغضب بحضورهم وعدم الضحك من عيوب الضيف ٠٠ / انظر حليم بركات ـ المجتمع العربي / مرجع سابق / ص ٧٥ ٠٠
١٥- يذكر المؤرخون من (يام العرب) قبل الإسلام ، الحروب التالية :-
"٠٠ حرب البسوس - وقد وقعت هذه الحرب بين قبيلتي بكر وتغلب ابني وائل ، وكانت هذه الحرب الطاحنة التي دامت اربعين سنة ، بسب ناقة ، قتلها كليب ، كانت تملكها امرأة عجوز من بكر تدعى البسوس ٠٠٠٠٠
"٠٠٠ حرب داحس والغبراء - وهي حروب قيس بين عبس وذبيان ، ٠٠ وكان سببها سباق بين داحس - حصان - والغبراء - فرس- ٠٠غش فيه صاحب الفرس - الغبراء - ، وقد نشبت الحرب بين القبيلتين على اثر ذلك مدة اربعين سنة ، لم تنتج لهما ناقة ولا فرس لإنشغالهم بالقتال ٠٠
"٠٠ حرب الفجار - وهي حروب وقعت في الاشهر الحرم بين قبائل من عرب الحجاز ٠٠ فالفجار الاول بين كنانة وهوازن ، والثاني بين قريش وهوازن ، والثالث ، كان بين كنانة وهوازن ، بسبب دين كان على رجل من كنانة لرجل من بني نصلر بن معاوية ٠٠ ومن اشهرها الفجار الرابع ، وكان بين قريش وكنانة من ناحية ، وهوازن من ناحية ثانية ، هاجها رجل اسمه البرّاد الكناني ، بقتله عروة الكلابي من هوازن ، فأبت هوازن ان تقتل بعروة البرّاد ، لأن عرة سيد هوازن والبراد خليع من بني كنانة ، وارادوا ان يقتلوا به سيدا من قريش ٠٠ وهكذا ٠٠ " انظر د٠ حسن ابراهيم حسن / تاريخ الإسلام السياسي والديني والثقافي والاجتماعي / ج١ / مكتبة النهضة المصرية / القاهرة / ط٣ / ١٩٥٣ / ص ٥٤-٦٦ ٠
١٦- ورد في صحيح البخاري / باب المظالم والغصب / حديث رقم (٢٢٦٤) قوله (٠٠ حدثنا مسدد عن حميد عن انس - رض- قال : قال رسول الـلـه (ص) انصر اخاك ظالما او مظلوما !! قالوا يا رسول الـلـه ٠٠ هذا ننصره مظلوما فكيف ننصره ظالما ؟؟ قال : تأخذ فوق يديه - بمعنى تمنعه عن الظلم -) البخاري ، والحقيقة ان مثل هذا السؤال : كيف ننصره ظالما ؟ لم يكن قبل الإسلام على اذهان العرب اطلاقا ٠٠
١٧ـ يرى دوركهايم انه حين يسود المجتمع التضامن الآلي (الميكانيكي) يتميز الضمير الجمعي بقوة ملحوظة ، ويشير الضمير الجمعي إلى المجموع الكلي في المعتقدات والعواطف العامة بين معظم أعضاء المجتمع ، والتي تشكل نسقا له طابع متميز ، ويكتسب هذا الضمير العام وافعا ملموسا ، فهو يدوم خلال الزمن ويدعم الروابط بين الأجيال ويؤكد دوركهايم الضمير الجمعي يعيش بين الأفراد ويتخلل حياتهم ، الا انه يكتسب مزيدا من القوة والتاثير والاستقلال ، حينما يتحقق نوع من التماثل الواضح بين أفراد المجتمع ، ذلك ان الضمير الجمعي يعد نتاجا للتماثل الانساني ٠
ويصاحب نمو تقسيم العمل في المجتمع ظهور التضامن العضوي ، فتقسيم العمل وما يترتب عليه من تباين الافراد يعمل على تدعيم نوع من التساند المتبادل في المجتمع ، وينعكس هذا التساند على العقلية الانسانية والأخلاقيات ٠

كما أنه يتبدى في ظاهرة التضامن العضوي ذاتها ۰۰۰ كلما ازداد هذا التضامن رسوخا قلت اهمية الضمير الجمعي ۰۰ وازدادت اهمية التعاقد في استمراري الحياة المجتمعية ۰۰/ د۰ محمد الجوهري ، د۰ علياء شكري / ص (٢٤٨)

١٨ـ د علي فؤاد احمد / علم الاجتماع الريفي / دار النهضة العربية / بيروت / ١٩٨١/ ص٣٧ـ٣٩

١٩ـ مقدمة ابن خلدون / الجزء الاول / ص(١٢٠) ۰

٢٠+٢١ - د۰محمد الجوهري / د۰علياء شكري / علم الاجتماع الريفي والحضري / مرجع سابق / ص(٢٤٦-٢٤٧)۰

٢٢ - د۰محمد الجوهري / المرجع السابق / ص(٢٥٥- ٢٥٩)

٢٣ - موسوعة الاديان /۰۰۰۰

٢٤- سورةالحجرات آية :١٤

٢٥-سورة التوبة آية :٩٧

٢٦-سورة الاسراء آية :١٦

القسم الثالث
تشخيص الواقع الثقافي للمجتمع العربي المعاصر

إشكالية نقد الثقافة الحية

من ابرز العقبات التي يمكن أن تعترض الكاتب في هذا العصر هي هالة القداسة التي تضفيها المجتمعات الانسانية على موروثاتها الثقافية ، بأصيلها ودخيلها ، وبالتالي فانه من الحكمة عند الرغبة في الشروع في نقد ثقافة ما او حتى تشخيصها ، الاستعانة بشخصيات علمية " كاريزمية " عرفت بأنها حظيت بثقة الامة التي تنتمي لهذه الثقافة ، وعرفت بحرصها عليها ، وانتمائها الخالص لها ، وهذا بالنسبة إلى الامة ، يشبه إلى حد ما أهل المريض الذين نراهم يستسلمون لتوجيهات الطبيب ويحرصون على الانصياع لها ، حتى وان كانت مؤلمة لهم ولمريضهم او مؤدية إلى استئصال أحد أعضائه ، فهم يتقبلون آثار ذلك مهما بلغت ، بل نراهم في كثير من الاحيان يسارعون في تقديم الشكر لهذا الطبيب المداوي على ما قام به من عمل ، والصورة تنقلب تماما لو أن شيئا من الاثار التي أحدثها الطبيب أحدثت على يد من لم يعرف بهذه المهنة ، حيث سيكون عرضة لبطش الصغير والكبير ٠

اضافة إلى أن الشخصيات العلمية التي نقصدها ، هي تلك التي عرف عنها أنها تنتقد الثقافة لإصلاحها وتنقيتها مما قد يكون اعتراها على مدار قرون من الزمن ، وهؤلاء في العادة ينتقدون الثقافة استنادا إلى اسسها الصحيحة ، ويحاكمون الاجزاء الفاسدة فيها ، إلى الاركان السليمة الراسخة ، ويكشفون جوانب الزيف بابراز جوانب الاشراق ٠٠٠ وهذا كله لا يتأتى الا لعلماء عرفوا باستيعابهم لمكونات هذه الثقافة ، وعرفوا باحاطتهم بمصادرها ، وبقدرتهم على التمييز بين هذه المصادر ، والتعامل معها حسب مكانتها وأهميتها ، وفهم العلاقة فيما بينها ، وفهم مكوناتها ومكنوناتها ضمن الاطار العام الذي يجمعها ٠٠ إلى آخر ما هنالك من مسائل ٠

وانطلاقا من ذلك كله ، وحرصا على عدم الوقوع في المحذور الذي أشرنا اليه ، وتحقيقا لهدف تشخيص الواقع الثقافي العربي دون الانجرار إلى صراعات او الوقوع في اتهامات او التعرض لهجوم من هنا او هناك ، فقد اخترت شخصية علمية

أعتبرها شخصية كاريزمية ، برزت في اواسط القرن العشرين ، وعرفت بمكانتها المميزة في المجتمع العربي ، كما عرفت بنجاحها في تشخيص الواقع الثقافي في هذا المجتمع ، وباهتمامها الكبير في مقاومة التشوه الذي طرأ على هذا الواقع على مستوى المفاهيم والممارسات ، وهو فضيلة الاستاذ محمد الغزالي رحمه الـلـه ، اخترته لنشخص واقع التشوه في الثقافة العربية المعاصرة من خلال كتاباته وفهمه لهذا التشوه ، وقد حرصت على توثيق هذه التشخيصات من خلال كتبه وابحاثه المنشورة التي قاربت على مائة كتاب ودراسة ، دون الخوض في مقتضيات العلاج وذلك حتى نبقى ضمن اطار التشخيص للخلل الذي يعتري الواقع الثقافي العربي المعاصر ، وهو ما نحرص عليه خلال هذا القسم من الكتاب ٠

****

وتمهيدا لهذا الجانب الهام من الدراسة ، رأينا أنه من الضروري أن نبرز مفهوم الأستاذ الغزالي للثقافة بصورة عامة والثقافة العربية الاسلامية بصورة خاصة ، وذلك حتى نحافظ على قدر معقول من التوافق بين ما يمكن أن يفهمه القاريء لمعنى الثقافة٠٠٠ وحدودها وملامحها وأهميتها للامة ، ومعنى التشوه الذي يعتريها، وموقف الإسلام منه ٠٠٠٠ ، وبين ما تقصده الشخصية العلمية الاسلامية التي اخترناها لتكون مرجعيتنا الاساسية في نقد الواقع الثقافي المعاصر للمجتمع العربي المعاصر ، وهي في تقديرنا مداخل على قدر كبير من الاهمية ٠

الفصل الاول :-معنى الثقافة في مفهوم الغزالي

أولا:- تعريف الثقافة

أصل الثقافة في اللغة من الفعل (ثَقُفَ) ككرم وفرح ، ثَقفَاً وثَقَفَاً وثقافة ، صار حاذقا خفيفا فطنا ، فهو ثقف كخبر وكتف ٠٠ ونَدُس ٠٠ وامرأة ثقاف كسحاب فطنة وككتاب ، ٠٠ وتعني الخصام والجلاد ، وما تسوّى به الرماح وأثقفته ، أي قيض لي ، وثقّفه تثقيفا ، سواه ، وَثَاقَفَهُ فثقفه ، كنصره ، غالبه فغلبه في الحذق(١)

وقد ورد في المعجم الوسيط ،٠٠(ثقَفَ) الشيء٠٠ أقام المعوج منه وسواه ، وثَقَّفَ الإنسان ، أدبه وهذبه ٠٠ (والثقافة) العلوم والمعارف والفنون التي يطلب الحذق فيها٠٠(٢)

أما في لسان العرب فـ " ثَقِفَ الشيء ، ثَقْفًا وثِقَافا وثُقُوفَة :- حذقه ورجل ثَقْفٌ ، وثَقِفٌ وثَقُفٌ :- حاذق فهم ، وأتبعوه فقالوا ثَقْفٌ تَقْفٌ ٠٠ وقال ابن السكيت :- رجل ثَقْفٌ تَقْف ، إذا كان ضابطا لما يحويه قائما به ، ويقال :- ثقف الشيء وهو سرعة التعلم ٠٠ ثَقَفْتُ الشيء حذقته ، وثَقِفْتُه إذا ظفرت به ، قال تعالى :- { فإمّا تَثْقَفَنَهُمْ في الحرب ٠٠} ثَقِفَ الرجل ثقافة ، أي صار حاذقا خفيفا ٠٠ وفي حديث الهجرة :- وهو غلام لقِنٌ ثَقِفٌ أي ذو فطنة وذكاء ، والمراد أنه ثابت المعرفة بما يحتاج إليه ٠٠ والثِّقَاف :- حديدة تكون مع القوّاس والرمّاح ، يُقَوّم بها الشيء المعوج ٠٠٠ والعدد أثْقِفَة ، والجمع ثُقُفٌ (٣)

والغزالي يرى أن تعاريف الثقافة السابقة ، قريبة المشابهة من التعاريف الحديثة المنقولة عن أساطين النهضة الغربية ، فلغة العرب تجعل الثقافة فوق المعرفة الإنسانية المجردة ، قد يكون الحذق والفطنة والذكاء ، بعض ما يدل عليه الوصف في قولنا رجل مثقف ، بيد أن هذا من الناحية النظرية ، أما من الناحية العملية ، فيجب أن تتغلغل المعرفة في الإنسان تغلغلا يسمو بطبيعته ، ويصلح من سريرته ، فإن كان في طبائعه عوج قومه ما نال من ثقافة ، وعلى هذا الأساس لا ينبغي أن يعدّ مثقفا من حفظ أو نال معلومات شتى ، وظلّ مع كثرة محفوظاته مدخول الأخلاق ، رديء المسالك ٠

لذلك فإن العرب يصفون الرمح بأنه مثقف ، إذا استقام عوجه ، وذهب ميله فلا الرمح المائل يعتبر مثقفا ولا الرجل المائل يعتبر كذلك ٠

ومن خلال ما سبق يتضح الوفاق بين مفهوم الثقافة لدى العلماء المسلمين ، وبين قول " هكسلي " :- "٠٠ إن الثقافة شيء فوق جميع المعارف وفوق اكتساب الحذق والمهارة في صناعة ما ٠" وقوله أيضا :- "٠٠" إن رجلا ذا أدب ولا علم له ، رجل غير متوازن ، يميل جنب منه عن جنب وكذلك رجل ذو علم لا أدب له ٠ "

ويوسّع " باكون " هذا المعنى الكامل للثقافة حين يرى أنها تشمل ما يتصل بالجوانب الخلقية والدينية والعقلية من حياة الإنسان (٤)

والثقافة العربية هي جزء من الثقافة الإسلامية ، التي هي - كما يراها الغزالي - جملة العقائد والعبادات والقوانين والأخلاق والحدود والحقوق ، والقيم والمثل التي

حوتها رسالة محمد (ص) ، وهي كذلك جملة الآداب والصور الفنية التي نقلت عن العرب ، إذ أن اللغة العربية هي لغة الوحي الإلهي الباقي ، حيث تم ضبط مفاهيم الألفاظ وصور التراكيب وديباجة الآداء في الشعر والنثر ، وخلود هذه اللغة سياج لخلود الرسالة الإسلامية ، وهو يخلص إلى أن ثقافتنا الذاتية ، هي ديننا ودنيانا ، وماضينا ومستقبلنا ، هي أصلنا الذي انبثقنا منه ، وفرعنا الذي نمتد معه ، وهو يعتقد أننا نتزود بجميع ألوان المعرفة الإنسانية ، كي نحسن الحفاظ على ثقافتنا الذاتية والعيش بها وتقديمها للآخرين ، نموذجا حيا لطريقتنا الأثيرة في الحياة (٥) ٠٠

ثانيا:- الثقافة والعلم

والغزالي يرى أن الثقافة الذاتية شيء ، والعلم الذي لا وطن له شيء آخر ، فالعلوم العامة كالهندسة والجبر والحساب والفيزياء والكيمياء ، والأحياء والطب ٠٠٠ هذه كلها تنتشر في القارات الخمس ، ويتنافس البشر في إجادتها ، وتعتبر هذه العلوم في جملتها وسائل لخدمة الأمم ورسالاتها المتباينة في هذه الحياة ، فهو يرى أنها تنمو وتمتد في حضانة ووصاية الثقافات الذاتية المختلفة لأمم الأرض (٦)

في حين أنه يرى أن الثقافة الذاتية شيء آخر غير العلم العام ، فهذه الثقافة كما يعتقد هي التي تصنع شخصية الأمة وتبرز معالمها ، وتحدد خصائصها ، وتقرر تقاليدها وقوانينها ، وتستحسن لها أشياء ، وتستهجن أخرى ، وهي التي تكوّن مزاج الأمة العام ، وآدابها ، وفنونها ، وهي التي تخطّ لها مجراها الخاص في الحياة الإنسانية (٧) ، كما أنها هي التي تحدد ملامحها الشخصية ، وخصائصها الفكرية والنفسية ، وهي التي تشرح عقائدها التي تنطلق منها ، وأهدافها التي تسعى إليها ، كما تشرح آدابها ولغتها ، وخصائص شعها ونثرها ، إضافة إلى أنها تعتني بالتاريخ لتربط الأجيال اللاحقة بالأجيال السابقة ، وتربط الولاء الخاص والعام بالقيم المقررة والشعائر الظاهرة ، أو هي كما يعبر عنها في موضع آخر ، إكسير الحياة للأمة ، والمجدد الدائب لطاقاتها الأدبية ، ونشاطاتها المادية(٨) ٠

ومع أن الثقافات الذاتية لأمم الأرض تتباين فيما بينها ، وتختلف في أسسها ومضامينها وفلسفتها العامة ، وفيما تحويه من صواب وخطأ ، الا أن كل أمة ترى في

ثقافتها الخاصة ، جذورها التي تستمد منها نبض الحياة ، وتصبغ بها ابداعاتها الحضارية التي تسهم بها في اثراء المتحف الانساني الكبير على ظهر هذا الكوكب الصغير ، فالثقافة الخاصة هي التي تجسد الكيان الأدبي لكل امة ، وهي التي تشكل همزة الوصل بينها وبين ابداعاتها المختلفة في الحياة ، فهي للامة ذاتها أو هي روحها ، لذا فانه من المألوف أن نرى الامم تذود عن ثقافاتها الخاصة وكأنها تذود عن الذات أو عن الروح (٩) ٠

الفصل الثاني :- مفهوم الغزالي لتشوه الثقافة العربية السائدة ٠

أولا:- أهمية الثقافة في حياة الأمة

يعتقد الغزالي أن الحضارة الإسلامية في فنون الحياة ومجالات العمران ، والمقادير الجزلة التي حصلها المسلمون من المعارف الكونية ، والتفوق المادي الذي أحرزوه ، خلال العصور الذهبية ، كل ذلك ما كان ليتسنى لهم ، إلا عقب تشبعهم بالثقافة الإسلامية ، وتفاعلهم مع ما فيها من حرية وانطلاق وسماحة وإشراق ، فلما فسدت هذه الثقافة بفعل أيديهم ، باؤوا بالفشل والتخلف في أحوالهم جميعها ، لا فرق في ذلك بين العبادات والعادات ، وبين الأدبيات والماديات ، بين تخطيط الجانب الإجتماعي والأخلاقي ، وبين تخطيط الجانب المادي والمعاشي فيها (١٠)

وهو بهذا يعتبر الثقافة الإسلامية ، معيارا لصعود أو هبوط المجتمع العربي ، على سلم الحضارة الإنسانية .

ويشير بدقة إلى الدور الخطير للثقافة ، في حياة الأمة ، ويشبِّه أثر الثقافة في بناء الإنسان ، بدور الطعام في بناء الأجسام ، فكما أن بعض الأطعمة يورث من يتناوله صداعا في الرأس ، واسترخاء في الأعضاء ، وانقباضا عن الأعمال ، فإن بعض ألوان المعرفة يترك في النفوس من التطير والخمول مثلما تتركه هذه الأغذية الرديئة في الأجسام (١١)٠

وإمعانا في إثبات تأثير الثقافة على مكانة الامة العربية والاسلامية عبر مراحلها التاريخية الطويلة ، فهو يؤكد بعد استقرائه لهذا التاريخ أن الثقافة المشوهة ، هي التي كانت تقف وراء سقوط بغداد في أيدي التتار وسحق الخلافة العباسية ،

وهي التي أسقطت الأندلس في براثن الكاثوليك وجعلت الإسلام في تلك البلاد ذكريات بعد أن كان شجرة باسقة أصلها ثابت وفرعها في السماء ، كما أنها هي التي تقف وراء سقوط الخلافة العثمانية ، في بدايات هذا القرن (١٢)٠

وهو قبل ذلك يعتبرها سببا هاما ومباشرا في تقطيع أوصال الأمة الواحدة ، وتمزيق وحدتها السياسية(١٣) وإطفاء شعلتها الحضارية ، ورسم الكثير من ملامح المجتمع العربي المعاصر بكل سلبياته وآفاته ٠٠

فهو ينظر إلى التشوه الثقافي باعتباره عقبة كأداء في طريق النمو والتقدم ، وإلى الثقافة المشوهة على أنها أعجز من أن تصنع أمة متحضرة ٠

ويعتقد في المقابل أن فترات النقاء الثقافي في تاريخ الامة العربية والاسلامية وعلى وجه الخصوص خلال القرنين الثاني والثالث الهجريين كانت السبب الأساس في رجحان كفة المجتمع الإسلامي على سائر المجتمعات الإنسانية آنذاك ، حتى أنه قيل بحق :- أن المجتمع الإسلامي أرقى مجتمعات المعمورة ٠٠(١٤) حيث نجحت الثقافة الاسلامية الاصيلة في صناعة المجتمع المدني المثالي ، الذي طالما تخيله الفلاسفة في مختلف الحضارات الانسانية القديمة والحديثة ، وكأن الخطاب القرآني يؤكد ذلك عندما استخدم لفظ " المدينة " ليعبر عن مستوى المدنية التي أصبح عليها ذلك المجتمع في عهده الاول ٠

والغزالي يؤكد على دور الثقافة الحساس في عمليتي التقدم والتخلف في مسيرة المجتمع العربي المعاصر ، وذلك عن طريق إبراز ما للثقافة من فاعلية مباشرة في مجالي الارتقاء والانتكاس الحضاريين ، من خلال استقراء تاريخي معاصر للمسيرة الحضارية لهذا المجتمع ٠

ثانيا :- واقع التشوه في الثقافة العربية ٠

يُشبّه الغزالي الثقافة الصحيحة بالجسم السليم الذي له أطراف كاملة ومنسجمة في تركيبها وعلاقاتها ووظيفتها ، فيرى أن التشوه في الثقافة بدأ عندما أخذ جيل من المسلمين يتضخم في عقله وتفكيره جزء من الإسلام ويمتد على حساب بقية الأجزاء الاخرى ، كما تمتد الأورام الخبيثة على حساب بقية الخلايا

فيهلك الجسم كله (١٥) ، ويرى أن البداية التاريخية لذلك ترجع إلى الأيام الأولى لظهور الخوارج في بدايات التاريخ العربي والاسلامي٠

وقد حدث بعد ذلك وعلى مراحل تاريخية متعاقبة ، أن خالطت الثقافة عناصر سامة من جهالات الدهماء ، وأهواء الخاصة ، وخرافات أهل الكتاب ، وزيغ الجاهليات القديمة ، وإيحاءات الحكام المستبدين ، اضافة إلى أنه نقصت(١٦)أو ضمرت في هذه الأجواء أجزاء مهمة ، من الثقافة الإسلامية الأصيلة ٠٠

ومن أشكال التشوه التي يؤكد عليها الغزالي بعد طول مدارسة مع أهل الاختصاص ، أن الحقائق الرئيسة في المنهاج الإسلامي لا تحتل المساحة العقلية المقررة لها ، وهو يرى أن الامة العربية والاسلامية افتقدت الكثير من هذه الحقائق خلال مسيرتها التاريخية لا سيما في القرون الأخيرة (١٧)٠

ولعل غياب هذه الحقائق ، وتشوه ما بقي منها ، هو ما جعل العرب ومسلمي العصر الحاضر ، يتخبطون في خليط ثقافي منكر ، كبروا فيه الصغير ، وصغروا فيه الكبير ، وقدموا المتأخر وأخروا المتقدم ، وحذفوا شعبا ذات بال ، وأثبتوا محدثات أخرى مبتدعة ، (١٨) واستبد الخطأ بأفكار الناس ، في نظرتهم إلى وسائل الرقي والهبوط ، وسرت الفوضى في ميادين (١٩) الحياة كلها ٠٠!

وهو يرى أن الإلف قد حول هذه التشوهات الدخيلة إلى جزء من الحياة العامة ، ورويدا رويدا أصبحت الثقافة المشوهة تحكم حركة الحياة في المجتمع العربي ، وأصبح المراقب يرى الاستهانة بقيمة الكلمة ، وقلة الاكتراث باتقان العمل ، وإضاعة الأمانات والمسئوليات الثقيلة ، والقدرة العجيبة على قلب الحقائق ، وجع الجهل علما ، والعلم جهلا ، والمعروف منكرا ، والمنكر معروفا(٢٠)

وأصبح يوجد في مجتمعنا من يؤلف ضد دوران الأرض حول الشمس ، ويؤيد موقف الكنيسة في العصور الوسطى ، وظهر من يأمر التلاميذ بتخريق صور الأحياء في كتبهم ، لأن التصوير منكر ، كما جاء من يرى كشف المرأة لوجهها نوعا من الزنا ، أو طريقا إليه ، ويوجد من يهاجم كون الأمة مصدر السلطة ، ويوجد من يتنكر بقوة لتكوين الأحزاب ، ولا يهمس بحرف واحد ضد تقييد الحريات ، ويوجد من يحسب إقامة الصلوات مغنيا عن تعلم الصناعات ، ويوجد من يعيش مع أعداء الإسلام في

القرن الرابع ، يهاجمهم وينال منهم ، ولا يدري شيئا عن أعداء الإسلام (٢١) في هذا القرن ٠٠

لذا فهو يرى أن مصيبة المجتمع العربي في ثقافته أفدح من مصيبته في ثرواته (٢٢) وأرزاقه ، وأن الانحطاط الثقافي الذي يهيمن على أرجاء هذا المجتمع في هذا العصر ، لا يسأل عنه جيل واحد (٢٣)، وإنما هو ثمرة تفريط أجيال سابقة ، فالأمة تتدحرج ثقافيا إلى الوراء ، منذ أزمان تاريخية طويلة ، إلاّ أن تسجيل الهزائم الثقافية ومحاولة تشخيصها ومحاصرتها ، لم يقع إلا منذ خمسين سنة تقريبا (٢٤) عندما انسحبت الجامعة الإسلامية من الميدان العالمي بعد تنكيس راية الخلافة٠

ثالثا :- أبعاد التشوهات الثقافية

يرى الغزالي أن أثقالا رهيبة من التقاليد العربية ، وأرتالا ثقيلة من الأفكار الخاطئة ، باتت تسيطر على شتى ميادين الحياة في المجتمع العربي ، باسم الإسلام ، والإسلام لا يعرفها (٢٥) ، حيث شمل التشوه الثقافي الجانب الإجتماعي ، والجانب الإقتصادي ، والجانب السياسي ، وفقه العلاقات الدولية (٢٦) ٠٠إلخ

ففي الميدان الإجتماعي يعاني العرب والمسلمون عموما من تحقير النساء ، وحبسهن دون علم ولا عبادة ولا تناصح ، وفي الميدان الإقتصادي يعانوا من هيمنة العجز والتواكل ٠٠٠ والتبعية ، والترويج للفقر ٠٠٠ ، أما في الميدان السياسي فيعانوا من ضياع الشورى وهيمنة (٢٧) الإستبداد٠

وكانت نتيجة ذلك أن شُوِّهَ وجه الثقافة الإسلامية تشويها قبيحا ، واختلطت حقائق الإسلام بخرافات البشر ، وأصبح المسلمون في عالم يبحث عن الحرية ، يصورون الإسلام دين استبداد ، وفي عالم يحترم التجربة ويتبع البرهان ، يصورون الإسلام غيبيات مستوردة من عالم الجن ، وتهاويل مبتوتة الصلة بحياة الناس ، وفي عالم تقارب فيه المتباعدون ، وتوحد في إطاره المتقاربون ، يجتهد المسلمون في تكريس التجزئة ، وتمزيق أواصر الرابطة (٢٨) التي تجمعهم٠٠٠!

وهكذا يتضح مما سبق حجم المساحات الشاسعة التي غزاها التشوه في الثقافة العربية الإسلامية ، وتعدد الميادين التي انتشر فيها ، ومستوى العمق الذي تغلغل إليه ٠٠٠

رابعا :- موقف الإسلام من التشوه الثقافي

يرى الغزالي أن هناك أفكارا وتقاليد ومسالك خاصة وعامة ، تنتشر بين المسلمين ، وتتقيد جمهرتهم بها ، على أساس أنها تعاليم إسلامية ، أو أثر من توجيهات هذه التعاليم ، والحقيقة أن الإسلام بعيد عنها ، بل ينكرها أشد الانكار ، ولا يتوانى عن حربها ودحرها من حياة الناس (٢٩)

فالثقافة العربية التي كانت تحكم المجتمع العربي قبل مجيء الإسلام ، كانت ثقافة مختلة ، ونظرتها لكثير من أساسيات الحياة نظرة مشوهة ، فالنظام الديني الذي كان يحتل حيزا واسعا من هذه الثقافة ، كان نظاما فاسدا يقوم على الوثنية ، وكذلك النظام الإجتماعي كان نظاما فاسدا يفتقر إلى أساسيات العدالة والحرية والمساوة ، ولم يكن هناك انصاف للمرأة في جميع مراحل حياتها ، وكذلك كان حال النظام الإقتصادي الذي كان يقوم على مبدأ القوة والسلب والنهب ٠٠، أما النظام السياسي فكان يستند بدوره إلى العصبية العمياء ، التي تركت بصمات سوداء على أيام العرب قبل الإسلام ٠٠٠٠، فجاء الإسلام ليجد في مواجهته تحديات كبيرة وخطيرة على المستوى الثقافي ، توازي وقد تفوق التحديات على كافة المستويات الاخرى ، وتتمثل في إفراغ هذه الثقافة من مضامينها الفاسدة ، واستبدالها بالمضمون الثقافي الإسلامي ، الذي أعاد الاختلال والاضطراب في حياة العرب إلى توازن واعتدال ، وتوجه نحو الإمام في مختلف المجالات ، الدينية والإجتماعية والإقتصادية والسياسية والأخلاقية ٠٠٠، وبالتالي فإن محاولات انبعاث بقايا الثقافة الجاهلية المريضة ، أو نجاح تسلل ثقافات إنسانية أخرى مختلة إلى ميدان الثقافة الإسلامية ، إنما هو في الحقيقة غزو ثقافي للثقافة الإسلامية ، سواء كان هذا الغزو غزوا داخليا تاريخيا من بين أنقاض الثقافة البائدة ، أو غزوا ثقافيا خارجيا من ثقافات الشعوب المعاصرة ، ٠٠٠ فالإسلام في كلتا الحالتين هو هدف وضحية لهذه الثقافات الغازية ، وليس صانعا لها أو مدافعا عنها بأي حال من الأحوال ، لأن التشوهات والسلبيات الثقافية تتناقض ببساطة مع أهدافه الكبرى في بناء الإنسان والحضارة(٣٠)٠

هوامش القسم الثالث

١- مجد الدين الفيروز أبادي / القاموس المحيط / الجزء الثالث / المطبعة المصرية / الطبعة الثالثة / ١٣٥٢هـ ١٩٣٣ / ص (١٢١) ٠

٢- د٠ابراهيم أنيس د٠ عبد الحليم منتصر وأخرون/المعجم الوسيط/الجزء الاول/مادة (ثقف) ٠

٣- ابن منظور / مرجع سابق / المجلد التاسع/بيروت/١٣٧٥هـ ١٩٥٦م/ص(١٩- ٢٠) ٠

٤- محمد الغزالي / ظلام من الغرب / دار الاعتصام / ط (٣) / ١٣٩٩هـ ١٩٧٩م / ص (٢٩٥- ٢٩٦)٠

٥- محمد الغزالي / ظلام من الغرب / مرجع سابق / ص (١٥٤-١٥٥)٠

٦- محمد الغزالي / مشكلات في طريق الحياة الإسلامية / مكتبة رحّاب للطباعة والنشر والتوزيع / الجزائر / ١٩٨٩/ ص (٣٥-٣٦)٠

٧- محمد الغزالي / ظلام من الغرب / مرجع سابق / ص (١٥٤)٠

٨- محمد الغزالي / مشكلات في طريق الحياة الإسلامية/مرجع سابق / ص (٣٥-٣٦)٠

٩- محمد الغزالي / ظلام من الغرب / مرجع سابق / ص (١٥٥)٠

١٠-محمد الغزالي / ظلام من الغرب / مرجع سابق / ص (٣٢٢)٠

١١- محمد الغزالي / الإسلام والطاقات المعطلة / الزيتونة للاعلام والنشر / باتنة - الجزائر / ١٩٨٨/ ص(٦١)٠

١٢- محمد الغزالي / الغزو الثقافي يمتد في فراغنا / مؤسسة الشرق للعلاقات العامة والنشر / الدوحة - قطر / ط(١) / ١٩٨٥ م/ ص(١٠١) ٠

١٣-محمد الغزالي / الطريق من هنا / دار الكتب / الجزائر / ١٩٨٦ / ص(٣٩)٠

١٤-محمد الغزالي / الدعوة الإسلامية تستقبل قرنها الخامس عشر / دار الهدى للطباعة والنشر والتوزيع / الجزائر / ١٩٨٨/ ص (٢٩)٠

١٥-محمد الغزالي / الدعوة الإسلامية تستقبل قرنها الخامس عشر/مرجع سابق / ص (٥٨)٠

١٦- محمد الغزالي / همو م داعية / دار البشير / القاهرة / ط(٢)/١٤٠٥هـ / ص (١٥٣)٠

١٧- محمد الغزالي / السنة النبوية بين أهل الفقه وأهل الحديث / دار الشروق / ط(١) / بيروت / ١٩٨٩/ ص (٨-٩)٠

١٨- محمد الغزالي / مستقبل الإسلام خارج أرضه كيف نفكر فيه ؟ / دار الكتب / الجزائر / ١٩٨٩ / ص (٧٥) ٠

١٩-محمد الغزالي / الإسلام المفترى عليه بين الشيوعيين والرأسماليين / دار الشهاب للطباعة والنشر والتوزيع - باتنة - الجزائر / ١٩٩١ / ص (١١٣)٠

٢٠- محمد الغزالي / الطريق من هنا / مرجع سابق / ص (٤٣)٠

٢١- محمد الغزالي / سر تأخر العرب والمسلمين / دار البعث / قسنطينة / ١٤٠٦هـ١٩٨٦م/ص (١٣٧)٠

٢٢- محمد الغزالي / الغزو الثقافي يمتد في فراغنا / مرجع سابق / ص(١٤٤)٠

٢٣- محمد الغزالي / الدعوة الإسلامية تستقبل قرنها الخامس عشر/مرجع سابق/ص (١٩٥)٠

٢٤- محمد الغزالي / حصاد الغرور / دار الشهاب للطباعة والنشر والتوزيع - باتنة - الجزائر /١٩٦/ص(١١٧)٠

٢٥- محمد الغزالي / علل وأدوية / دار القلم للطباعة والنشر والتوزيع / دمشق / ط (٢) / ١٤٠٨هـ ١٩٨٨/ ص (١٢٠)٠

٢٦- محمد الغزالي / الطريق من هنا / مرجع سابق / ص (٧٢)٠

٢٧- محمد الغزالي / سر تأخر العرب والمسلمين / مرجع سابق / ص(٥٢)٠

٢٨- محمد الغزالي / هموم داعية / مرجع سابق / ص (٦-٧)٠

٢٩- محمد الغزالي / الغزو الثقافي يمتد في فراغنا / مرجع سابق / ص(٥)٠

٣٠- محمد الغزالي / الغزو الثقافي يمتد في فراغنا / مرجع سابق / ص(٧)٠

القسم الرابع
المجتمع العربي والتشوهات الثقافية

الفصل الاول: التشّوه الثقافي في الميدان العقيدي

اولا :- طغيان الفكر الغيبي ٠

١- الكرامات وخوارق العادات

لقد شاع في أوساط العامة ، وعلى مدار عصور طويلة من أعصار التاريخ العربي والاسلامي، أن الولاية التي تعني أساسا في المفهوم الإسلامي الايمان والتقوى لا تتم إلا مع الخوارق الملغية لقانون السببية(٣١)٠

ومعروف أن ثمرة الولاية في تفكير العامة ، الكرامات الخارقة للعادات ، حتى استقر في أذهانهم ، أنه ليست هنالك قوانين يحكم بها الكون ، وأن رغبات أهل الصلاح ، تجتاح ما أودع اللـه في العناصر من طباع ، وما بث في العالم من قوى وأنظمة (٣٢)

وقد كثر في التاريخ العربي والاسلامي الحديث عن كرامات الأولياء ، وضرورة الإيمان بها ، إلى حد مستغرب ، ويكاد الدهماء يبطشون بمن ينكر خارقا نسبوه إلى أحد رجالهم ، والعجيب أن أغلب كتب العقائد جعلت " الإيمان " بهذه الخوارق من معالم الصراط المستقيم ٠٠(٣٣)

ومن ذلك قصة الخضر ، وأنه حي يرزق ، يسيح في الأرض كيفما شاء ، فإن أعدادا من المتصوفة تتعصب لها ، وتجادل دونها ، كأنها من معالم الدين (٣٤)

وإضافة إلى تقديس الكرامات ، فإن تشوه التفكير العربي والاسلاميفي الميدان العقيدي ، أفرز معتقدات أخرى مشابهة ، مؤداها أن تلاوة الأوراد من الكتاب ، أو السنة ، أو تأليف المشايخ ، تصنع العجائب (٣٥)وتنزل البركات ، وتغني عن الأخذ بالأسباب ، ومن أمثلة ذلك ما كان سائدا في العهد العثماني ، حيث كان يستقدم بعض العلماء ليقرءوا صحيح البخاري في سفن الأسطول التركي حتى تحصل البركة ، والحقيقة التي تجاهلها هؤلاء (٣٦) كما يقول الغزالي أن الأسطول يسير بالبخار لا بالبخاري ٠٠٠!

ولعل مما مهّد لشيوع هذه المعتقدات وسيطرتها على حياة الناس ، الإيمان بضعف الصلة وانقطاعها بين الأسباب والمسببات في التفكير المنحرف ، فعدد كبير من المربين والموجهين ، أشعروا الأمة ، ونشروا في أوساطها ، بأن النار قد توجد ولا يوجد الإحراق ، وأن الماء قد يوجد ولا يوجد الري ، وأن السكين قد يوجد ولا يوجد القطع ٠٠٠ وأن الواجبات العادية قد تختلف ، وأن قانون السببية على الإجمال غير ملزم ولا مطرد ٠

والغزالي يرى أن علماء الكلام من المسلمين القدامى الذين مالوا إلى هذا الرأي ، أرادوا الرد على بعض الفلسفات الإغريقية ، التي تجعل الأسباب خالقة ، وتنسب إلى الطبائع ما يقع هنا وهناك ٠٠٠ إلا أنه يؤكد أن ذلك لا يبرر نفي ما أودع الـله في الأشياء من خواص(٣٧)٠٠

٢- الجن وعوالم الغيبيات

ان المغالاة في تقدير الجانب الغيبي من الدين ، تتم دائما على حساب الجانب العملي من الدنيا (٣٨)٠٠

ومن عوالم الغيب المتعددة ، عالم الجن ، وقد تحدث القرآن الكريم عن الجن حديثا محدودا ومبينا ، ونحن نؤمن بصدق هذا الحديث ونعرف أن الكون الواسع ليس حكرا على الإنسان وحده٠

والغزالي يرى أنه لا يجوز أن يجعل الإيمان بهذه الغيبيات ، تكأة لألوف من الأساطير المفتراة ، تنشر هنا وهناك (٣٩) وتملأ أوهام الصغار والكبار بمعتقدات وتصورات لا أصل لها ٠٠!

والذي يثير العجب أن الإتصال بعالم الجن ، قد أضحى في المجتمع العربي المعاصر ، حرفة قائمة (٤٠) ربما زاحمت في بعض الاقطار الصناعات الوطنية ، والعلوم الإنسانية ٠

ثانيا :- اختلال موازين الأولويات في التفكير العربي٠

١- العجز في الموازنة بين الأهم والمهم

القاعدة المشهورة في هذا الباب ، أن الـله لا يقبل نافلة حتى تؤدى فريضة ، والفريضة المطلوب أداؤها ، يستوي أن تكون فريضة عينية أو كفائية ٠

ويضرب الغزالي مثلا لذلك فيقول :- إذا كان التنفل يعجز عن إحسان واجب فلا مكان له ، فصوم التطوع إذا كان يعجز المدرس عن تصحيح ورقة إجابة بدقة ، فلا ينبغي له أن يصوم ، وكذلك إذا كان شيء من ذلك يعجز الطبيب عن إيجادة فحص المريض أو تشخيص المرض ووصف العلاج٠

والغني عبادته الأولى ، البذل والإنفاق وإسعاف المحتاجين ، ولا يصلح له صيام النهار ، وقيام الليل ، خصوصا (٤١) إذا كان ذلك مهربا له من عبادة الله بالمال ٠٠٠ وخلاصة ما سبق ، أنه يجب أن يحكم التفكير في الميدان العقيدي كما في كل ميدان ميزان عقلي ، يمكن العرب والمسلمين من التمييز بين الأهم والمهم ، مما يعرض عليهم من شؤون الدنيا ، وأمور الدين ٠٠٠

إلا أن تجاوز العقل العربي لهذا الميزان ، جعل التفكير في الميدان العقيدي ، تفكيرا مختلا ، يخلط بين الغث والسمين ويقف أحيانا كثيرة أمام التوافه وينشغل بها ، تماما كما يقف أمام القضايا المصيرية ليفكر فيها ٠٠٠

والغزالي يستشهد على ذلك بعشرات الأمثلة والصور الحية ، من التاريخ الماضي والواقع المعاصر ، نثبت منها بعضا مما يتصل بهذا الميدان ٠

فالتوسل- الذي من معانيه طلب المغفرة من الله بواسطة أحد خلقه _ والخلاف في جوازه وعدم جوازه ، شائع بين الدهماء ، وقد استفحل أمره مع هيمنة التخلف على المجتمع العربي في القرون الأخيرة ، حيث كانت دولة الإسلام تنتقص من أطرافها ، وشرائع الإسلام تطوى من أصولها ، والرعاع من العرب والمسلمين مشدودون إلى جدال حام غضوب ، هل فلان وليّ أم لا !؟ وهل نتوسل به أم لا (٤٢)٠٠

وهذا مثال يظهر مدى اختلال التفكير في أوساط العامة من الناس ، ولا شك أن المصيبة تعظم ، عندما يمتد هذا الخلل ليشمل العلماء وخاصة أهل الإسلام الذين يفترض فيهم إشاعة التعليم ومحاربة الجهل ٠

يقول الغزالي :- أليس مضحكا أن يدخل داعية في المسجد فينظر إلى المنبر ثم يقول :- بدعة ، لماذا ؟ لأنه من سبع درجات ، ويرى أن يقف على الثالثة لا يعدوها ٠٠٠ ثم يرى المحراب ، فيقول :- أيضا بدعة ، لماذا ؟ لأنه مجوف في الجدار ، ثم

ينظر إلى الساعة ويقول :- بدعة ٠٠٠لماذا ؟ لأنها تدق كالناقوس ، وأخيرا يتكلم في موضوع غث ، لا ينبه غافلا ، ولا يعلم جاهلا ولا يكيد عدوا (٤٣)٠

وتزداد المشكلة تعقيدا عندما نعلم أن هذا المنهج من التفكير لم يعد يمثل حالة فردية ، وانما أصبح يقود تيارا واسعا من العرب والمسلمين ، يضم بين صفوفه علماء ومفكرين وطلبة علم واتباع يصعب حصرهم ٠

٢- تضييق مفهوم العبادة في الإسلام

لقد سيطر على التفكير العام عند جمهور العرب والمسلمين ، أن علوم الكون والحياة علوم ثانوية إلى جانب علوم الدين (٤٤) وأصبح أغلب العابدين ، يرجحون نافلة في مجال العبادات المحضة كالصلاة أو الصيام ، على درس علمي ، أو ابتكار صناعي٠

وربما ظنّ هؤلاء المسلمون أن تلاوة ورد من القرآن الكريم ، أو الحديث النبوي الشريف ، أكثر إرضاء لله من اختراع آلة ، أو صون جهاز أو إحكام إدارة ، أو تدبير سياسة(٤٥) وقد امتد هذا التفكير ، حتى طغى على أصحاب التخصصات العلمية في مجتمعنا العربي ، وأصبح من اليسير أن تجد طبيبا ، أو مهندسا ، أو فيزيائيا ، يمتلك في بيته أو مكتبته أسفارا ضخمة في الفقه ، أو الحديث ، والتفسير(٤٦) ٠٠٠ وفي المقابل تجد مكتبته تفتقر إلى الكثير من الكتب في تخصصه العلمي ٠٠٠ ولعل السبب في بروز هذه الظاهرة كما أسلفنا أن مفهوم العبادة في الإسلام ، قصر على ما يتصل بالدين مباشرة واستثني منه بفعل تشوه المفاهيم ما يتعلق بشؤون الدنيا ٠٠٠ ولا شك أن الإسلام من خلال تعاليمه الواضحة لم يجعل مفهوم العبادة محصورا في هذا المعنى الضيق ، ٠٠٠ فآيات القرآن الكريم وأحاديث الرسول(ص) في هذا المجال ، تؤكد كلها أن حركات المسلم ، وسكناته ، في هذا الكون لا تخرج عن معنى العبادة والتعبد ، ما دامت مصحوبة أو مسبوقة ، بنية إرضاء اللـه تعالى ٠٠٠ فاخلاص النية للخالق عز وجل - في التصور الاسلامي الصحيح - يضع الدراسة ، والتجارة ، والصناعة ، والسياسة٠٠٠٠وسائر ممارسات المسلم في الحياة جنبا إلى جنب مع العبادات المحضة ٠٠٠

ثالثا :- التقليد العقيدي والجمود الفكري ٠

١- الفهم السلبي للنصوص الإسلامية

لعل من أبرز صور التشوه الثقافي في الميدان العقيدي ، الفهم السلبي للنصوص الإسلامية (٤٧) ، في كافة مجالات الحياة ٠

ففي مجال العلاقات الدولية ، ساد الإعتقاد القائل أن علاقة الدولة الإسلامية ، مع سائر الدول الأخرى ، علاقة حرب وقتال ، وهذا الحكم نابع من الفهم المنحرف لحديث الرسول (ص) "٠٠ أمرت أن أقاتل الناس حتى يقولوا لا إله إلا الـلـه ٠٠" (٤٨) فبناء على الفهم الظاهري السطحي لهذا الحديث ، استقر في الأذهان أن علاقة المسلمين بمن حولهم من الدول والمجتمعات ، إنما هي علاقة حرب ، إلى أن يسلموا أو تقوم الساعة ٠٠٠

أما في المجال الإقتصادي ، فإن البعض فهم النصوص الإسلامية التي تزهد الناس في الدنيا وتقلل من جموحهم الزائد نحو المال والمادة ، أن الأصل في التدين ، حب الفقر والصعلكة (٤٩) ، وأن جمع المال او الغنى جريمة ٠٠٠

وفي مجال العلاقات الإجتماعية ، بولغ في طمس مكانة المرأة والحط من إنسانيتها ، حتى أن الكثيرين ذهبوا إلى أنه لا يجوز أن ترأس المرأة رجلا في أي عمل كان ، إستنادا إلى فهم خاطئ للآية القرآنية :- " ٠٠ الرجال قوامون على النساء بما فضل بعضهم على بعض وبما أنفقوا من أموالهم ٠٠٠" (٥٠) مع أن آخر الآية يشير بوضوح إلى أن هذه القوامة ، محصورة في نطاق الأسرة أساسا ، ومعللة بأنفاق الرجال على النساء ٠٠ (٥١)

وفي ميدان الدعوة ، أو المسئولية العامة ، وهو ما يعرف كذلك بالأمر بالمعروف والنهي عن المنكر ، ذهب البعض بناء على فهم استنبطه بالقياس على أحكام أخرى ، أنه يجب قتل النساء المتبرجات في الشوارع ، لماذا ؟ لأن الفقهاء قالوا :- بجواز قتل الساحرة ، والمرأة المتبرجة تسحر الناس وتفتنهم بعريها (٥٢) لهذا وجب قتلها ٠٠!

وقد أسيء فهم الكثير من نصوص إسلامية أخرى على الوجه الذي أسلفنا ، وهو بالتأكيد غير الوجه الذي أراده الشارع ، فنتجت عن ذلك تشوهات في الأفهام والأحكام ، طالت العديد من القضايا ، وما زال الكثير منها يسيطر على واقع الأمة ، وحركة حياتها إلى أيامنا هذه ٠٠٠!

٢- التفكير المتخلف عن مواكبة التطور في الزمان والتغير في المكان

يؤكد الغزالي في غير موضع ، على خطورة الفقه المتجمد ، والتفكير المتخلف في الشؤون الإجتماعية والإقتصادية والسياسية ٠٠

فالفقه الإسلامي انحسر منذ أزمنة ، داخل حدود ضيقة ، لم تتعد في أحسن الأحوال ، بيوت الماء ، ونواقض الوضوء ، وهامشيات مشابهة في مجال العبادات(٥٣)٠٠٠

وفي المجال الإقتصادي ، ما زالت العديد من الفتاوى المعاصرة ، تؤكد على وجوب أن تكون زكاة الفطر تمرا أو شعيرا ، أو ما شابه ذلك ، ويصف الغزالي هذا التفكير بأنه بدوي النزعة ، يوجب على لندن وباريس إذا دخلتا في الإسلام أن تستوردا قناطير من الشعير والتمر للصدقة على الفقراء (٥٤) وكأن هذا المفكر يرى العالم كله ، نجد والحجاز٠

وفى مجال العلوم الكونية ، وضعت مؤلفات في أواخر هذا القرن وبأقلام علماء مسلمين كبار ، لإثبات أن الأرض لا تدور ، وأن علوم الجغرافيا والفلك علوم زائغة ، ويتأسف لرواج هذا اللغو في أوساط الكثير من طلاب العلم (٥٥) في أقطار المجتمع العربي والعالم الاسلامي عموما٠

وفي مجال المكتشفات العلمية الحديثة ، خرج العديد من العلماء ، بأن التصوير الشمسي حرام(٥٦) وأن اقتناء التلفاز أو الحديث فيه حرام كذلك ، لأن ظهور الصورة على الشاشة غير جائز (٥٧) وأن الموسيقى و الغناء حرام (٥٨) أيا كان الشكل والمضمون(٥٩) ٠٠٠٠ وهذا النوع من التفكير يصور الإسلام في أحسن الأحوال ، على أنه يحد من جهاته الأربع ، بلحية في وجه الرجل ، ونقاب على وجه المرأة ، ورفض للتصوير ولو على ورقة ، ورفض للغناء والموسيقى ، ولو في مناسبات شريفة ، وبكلمات لطيفة (٦٠)

وفي المجال السياسي والإجتماعي ، فإن هذا التفكير يعلو بالانتماء العرقي ، وبالحسب والنسب ، فوق الكفاءات والقدرات ، وذلك في تولي الحكم والزواج (٦١) وهما من أخطر شؤون الحياة على الإطلاق ٠٠٠ وهذا التفكير يجعل من المسائل التافهة التي أسلفنا ، قضايا الإسلام الكبرى ، وأحداث العصر العظمى ٠٠٠ أما دواوين السلطة ، والشورى ، والدساتير ٠٠ ومشكلات المال والأسس التي تقوم عليها المجتمعات والدول ٠٠٠ ومحاولة ربط المجتمع العربي والامة العربية والاسلامية بعجلة التقدم الإنساني ، وما شابه ذلك من قضايا مصيرية ، فإن هذا التفكير لا علاقة له بكل ذلك ٠٠٠ مما أتاح الفرصة للاستبداد السياسي ، والخلل الإقتصادي ، والتخلف الإجتماعي ٠٠ كي يهيمن على واقع هذا المجتمع (٦٢)بطوله وعرضه ٠٠٠!

رابعا :- هيمنة المعتقدات الجبرية على داخلية التفكير العربي ٠

إن مما لا شك فيه أن ظهور عقيدة الجبر ، وشيوعها عبر مراحل التاريخ العربي والإسلامي ، كان له أعظم الأثر ، في تقويض أركان دولة الإسلام ، وأفول حضارة العرب والمسلمين ، ولعله من المفيد أن نعرض صورة هذا التشوه الخطير في الميدان العقيدي من خلال آيات وأحاديث عديدة وظفت في بناء هذه العقائد الغريبة عن الإسلام ، وهي في حقيقتها بعيدة في معناها ومغزاها ، عما وظفت من أجله٠٠

روى الترمذي ، عن عمر بن الخطاب (رض) أنه سئل عن قوله تعالى :- {وإذ أخذ ربك من بني آدم من ظهورهم ذريتهم وأشهدهم على أنفسهم ، ألست بربكم ؟ قالوا :-بلى شهنا ، أن تقولوا يوم القيامة ، إنا كنا عن هذا غافلين } (٦٣) قال عمر بن الخطاب (رض) سمعت رسول الـلـه (ص) يسأل عنها فقال (ص) :- " إن الـلـه خلق آدم ثم مسح ظهره بيمينه ، فاستخرج منه ذرية ، فقال :- خلقت هؤلاء للجنة ، وبعمل أهل الجنة يعملون ،ثمّ مسح على ظهره ، فاستخرج منه ذرية فقال هؤلاء خلقت للنار وبعمل أهل النار يعملون ، فقال رجل :- يا رسول الـلـه ففيم العمل ؟ قال :- فقال رسول الـلـه (ص) إن الـلـه إذا خلق العبد للجنة ، استعمله بعمل أهل الجنة ، حتى يموت على عمل من أعمال أهل الجنة ، فيدخله الجنة ، وإذا خلق العبد للنار ، استعمله بعمل أهل النار ، حتى يموت على عمل من أعمال أهل النار ، فيدخله الـلـه النار (٦٤)

وقد خرج العوام بعد قراءة لهذا الحديث ، وأمثاله ، بأنه لا قدرة لهم ولا إرادة (٦٥) وأن الإنسان يحيا بتوجيه خفي أو جلي ، من مشيئة اللـه ، التي تدفع به ذات اليمين ، أو ذات الشمال ، والتي تهيئ له حياة العسر ، أو حياة اليسر ، رغم أنفه٠٠!

وامتدادا لهذا التفكير ، لا يزال أغلب المسلمين إلى يومنا هذا ، يرون أن الطاعة والمعصية ، والغنى والفقر ، حظوظ مقسومة ، وأنصبة مكتوبة ، وأن المرء مسيرّ لا مخيرّ(٦٦)

ومما يزيد هذه المعتقدات رسوخا في حياة المسلمين ، وجود عدد لا يستهان به من النقلة والكتبة ، الذين يهونون من الإرادة البشرية ، ومن أثرها في حاضر المرء ومستقبله ، وكأنهم يقولون للناس :- أنتم محكومون بعلم سابق لا فكاك منه ، ومسوقون إلى مصير لا دخل لكم فيه ، فاجهدوا جهدكم ، فلن تخرجوا من الخط المرسوم لكم ، مهما عملتم ومهما قدمتم (٦٧)

والغزالي يؤكد علىأن كل ميل بعقيدة القدر نحو الجبر ، إنما هو تخريب متعمد لدين اللـه ، ودنيا الناس على حد سواء (٦٨)

الفصل الثاني - التشوه الثقافي في ميدان التفكير الإجتماعي

مدخل

مدخل:-

لا يختلف إثنان ، على أن الميدان الإجتماعي ، ميدان واسع ، وثري في مجالاته وقضاياه ، إلا أن الملفت للنظر ، أن الغزالي يكاد لا يعدو في دراساته المتعددة والمتباعدة للتشوه الثقافي في الميدان الإجتماعي ، موضوع المرأة ، وما يتعلق بحقوقها ومكانتها ، وما تعرضت وتتعرض له من مظالم مادية ، وأدبية ، وإنسانية ، وكذا سبل النهوض بها ، وإصلاح شأنها ، وإعادة تأهيلها لتمارس رسالتها في الحياة ، وفق ما يريد لها الإسلام٠

ونحن نعتقد أن تركيز الغزالي على موضوع المرأة ، له ما يبرره واقعيا وتاريخيا ، خصوصا إذا علمنا :-

١ـ أن النساء يشكلن من ناحية التعداد السكاني أكثر بقليل من ٥٠% من سكان المجتمع العربي والاسلامي وحتى الانساني ٠

٢ـ أن المرأة بحكم طبيعة الرسالة الإسلامية ، وبعض العادات العربيه ، تضطلع بمسئوليات كبيرة وخطيرة ، في تربية الأبناء ، وإعداد الأجيال ٠

وانطلاقا مما سبق ، يعد مناقشة موضوع انحطاط المرأة المسلمة ، هو نفسه مناقشة موضوع انحطاط الامة العربية والاسلامية ، بطريقة غير مباشرة ٠٠٠!

أولا :- بدايا ت الإنحطاط ومقدماته

يقول الغزالي ، لا ندري بدقة متى ساء وضع المرأة المسلمة في المجتمع العربي والإسلامي ؟ ومتى انحدرت عن المستوى الذي بلغته في صدر الإسلام ؟

ففي عهود الأجيال الإسلامية الأولى ، كانت المرأة إنسانا يقوم بواجباته العقيدية والإجتماعية ، والإقتصادية والسياسية ، قياما حسنا ، ما شانها جهل بالإسلام ، ولا غفلة عن قضايا الأمة ، ولا قصور في بناء المجتمع ، ولا عجز عن خدمة نفسها وتربية أولادها ، والتعاون مع زوجها (٦٩)

إلا أنه من عدة قرون ، تأخرت مكانة المرأة ، تأخرا شنيعا ، طغى على كافة مجالات حياتها ، والغزالي يرى أن الذين أخروها ، ألغوا رسالة الإسلام بالنسبة لها ، وأسقطوا عنها واجبات التعليم والعبادة ، والإدراك السِديد لحقيقة الدين وحقوقه ، وحقيقة الدنيا وواجباتها (٧٠)٠٠٠

وقد تنازع مكانة المرأة ، إتجاهان أساسيان (٧١) ، إتجاه قديم يتمثل في الجاهلية العربية ، ومخلفاتها من العادات والتقاليد والمواريث الإجتماعية المزدرية للأنوثة ٠٠٠ وإتجاه حديث يتمثل في الجاهلية الأوروبية الوافدة ، وما يتصل بها من إباحية ، وإنحلال ، وإستهلاك للأعراض ٠٠٠ !!

وهو يرى ، أن الإتجاه الأول يستند في نظرته للمرأة ، وعلاقته معها ، إلى :-

١ـ انتقاص مكانة الأنثى لصفتها الجسديّة فالرجل مطلقا أفضل من المرأة ، فما زال كثير من العرب والمسلمين إذا بشر أحدهم بالأنثى اسودّ وجهه ، وما زالت المرأة في العديد من الأوساط العربية مضربا للأمثال في الضعة والخسّة والهوان !!

٢ـ حصر وظيفة المرأة في المتعة المادية ، والإستيلاد الحيواني ، وإبعادها عاطفيا وعقليا ، عن كل ما يجاوز حدود هذه الوظيفة الفطرية ، فعلاقتها ببناء المجتمع وصناعة الحضارة ، أصبحت علاقة واهية ، لا تتعدى شؤون التدبير المنزلي ، وتقديم الخدمات الأسريّة لزوجها وأبنائها٠

٣- النظر إلى المكانة الشخصية ، والقيمة الخلقية للمرأة من خلال العرض وحده ، فقد يعلم الرجل العربي أن ابنه زنى فيتركه بلا نكير ، فاذا علم أن ابنته زنت ، قتلها في الحال ، وقد يضحك لفساد ابنه ، ولكن وجهه يسود لفساد ابنته ٠٠٠

وهذه التقاليد القائمة على ظلم المرأة تنشأ عنها تقاليد ثانوية أخرى ، تسيطر على حياة المرأة من المهد إلى اللحد ، وتصيبها بهزال شديد في جسمها ، وعقلها ، وطريقة تفكيرها في الحياة (٧٢)

أما بخصوص الإتجاه الآخر ، فإن تأثيره السلبي على نمط حياة المرأة العربية والمسلمة تأثير كبير ، حيث بلغ تبذّل النساء في هذا العصر حد السفه ، وهبط إلى درك سحيق من الحيوانية المنكورة (٧٣) ٠ وتحولت المرأة إلى متاع رخيص (٧٤) ، يتاجر فيه أصحاب المال ، ويستمتع به أصحاب الشأن والسلطان٠

وسر انفلات المرأة من قيمها ، وتمردها على حاضرها وماضيها ، أن العلماء الذين حاولوا إصلاح شأنها ، وتحصينها ضد الآفات الوافدة ، كان تناولهم لقضاياها مشوب بالغموض والجهالة ، ومسم بالسلبية والعجز ، ومحكوم بتقاليد لا يعرفها الإسلام ، وأغلبهم لو أمكنته الفرص ، لردها إلى البيت ، وغلّق عليها الأبواب ، وحرمها حقوقها المادية والأدبية ، وجعلها القدم العرجاء للإنسانية السائرة ، أو الجناح المكسور للأمم الصاعدة (٧٥)٠٠

والحقيقة أن الشريعة الإسلامية في شؤون النساء ، تخرج من بين فرث ودم ، فالجاهلية العربية التي فرضت نفسها مئات السنين ، يرفضها الإسلام ، ويرفض في الوقت نفسه الجاهلية الأوروبية الوافدة من المجتمعات الغربية (٧٦)

فواقع المرأة في المجتمع العربي والمجتمع الاسلامي إلى حد كبير ، يتذبذب كبندول الساعة ، إلى أقصى اليمين ، وإلى أقصى اليسار ، ولا يستقر مطلقا عند الوسط الذي أراده الإسلام (٧٧)

ثانيا :- تشوه مكانة المرأة في الحياة الزوجية

قبل الحديث عن تشوه مكانة المرأة في الحياة الزوجية ، رأينا ضرورة yyyإثبات رأي الغزالي في وضعية الزواج الحالي في المجتمع العربي ، إذ أن الزواج هو المدخل الرسمي الوحيد للحياة الزوجية ، مما يجلعنا نستشف إلى حد كبير ، طبيعة الحياة الموجودة ، أو التي يمكن أن توجد وراء هذا المدخل ، من خلال المقدمات والمظاهر التي تحفّ به وتهيئ له ٠٠٠

فالزواج الذي هو العقد الإجتماعي لتكوين الأسر ، وإنجاب الأجيال ، وتحصين المجتمع ضد الفوضى الجنسية ، والإباحية الأخلاقية ، تحول في هذا المجتمع إلى وسيلة لاستعراض الثراء والرياء ، والمبالغة في النفقات السفيهة ، والمظاهر الكذوبة (٧٨)

وتبدأ العلاقة التي تربط الرجل بالمرأة ، في نطاق الحياة الزوجية ، من هذه النقطة ، وهي بذلك تستأنف رحلتها في حياة الشقاء والإستبداد ٠

والشائع عرفا وفقها أن الفتاة في مجتمعاتنا ، لا يعبأ برأيها فيمن سيكون شريك حياتها ، وهذا يستند إلى التقاليد العربية قبل الإسلام ، وكذلك إلى اجتهادات الشافعية والحنابلة ، الذين أجازوا أن يجبر الأب ابنته البالغة على الزواج بمن تكره(٧٩)

وبعد انتقال المرأة إلى زوجها ، قلما تعطى شيئا من ميراثها (٨٠) ، وفي حال حدوث نزاع بينها وبين زوجها ، فإنها تعامل على أنها أنزل رتبة ، وأقل قيمة من أن ينعقد لأجلها مجلس صلح ، كما أمر بذلك المشرع في قوله :-{وإن خفتم شقاق بينهما فابعثوا حكما من أهلها ٠٠}(٨١) لا لشيء ، إلا لأن الرغبة في طردها لا يجوز أن تقاوم ، والتطويح بها لنزوة طارئة أمر عادي (٨٢)

وإذا حدث أن لجأت الزوجة إلى بيت أهلها ، فرارا من حياتها مع زوج لا يحسن عشرتها ، ولا يقدّر إنسانيتها ، تم اقتيادها بواسطة القضاء الشرعي إلى " بيت الطاعة " ، ما دام الزوج قادرا على نفقتها ضاربا عرض الحائط بكراهية المرأة للزوجية ، ومطالبتها بإنهاء هذه العشرة (٨٣) ، رغم أن الإسلام أعطاها حق الخلع ، في حال رغبتها في الطلاق ٠

والغزالي يرى أن الأزواج عادة ينظرون إلى المرأة على أنها

وسيلة متعة خاصة ، وينكرون عليها إنضاج ملكاتها الروحية ، والعلمية ولا يعون أنّ لها أي دور في ميادين التربية ، وآفاق المجتمع ، وخدمة الدين والدولة(٨٤)

وخلال الحياة الزوجية وحتى قبلها وبعدها فإن خطيئة الرجل تغتفر ، وفي أسوأ الأحوال تبقى مسألة فيها نظر ، أما خطأ المرأة فلا يمحوه إلا القتل (٨٥)٠٠

وفي حال الطلاق وما أكثره فالغزالي يرى أنه من بين كل مائة ألف طلاق ، يمكن أن يقع تمتيع مطلقة ، أما قوله تعالى :- { ٠٠ وللمطلقات متاع بالمعروف حقا على المتقين } (٨٦) فهو كلام للتلاوة ، ولا يعبأ به أحد (٨٧)

وأخيرا يؤكد الغزالي، على أن أحكاما قرآنية ثابتة ، أهملت كل الإهمال ، لأنها تتصل بمصلحة المرأة (٨٨) ، ولعل سبب ذلك ، يرجع إلى تغلب العادات والتقاليد البدوية ، على الأحكام والتعاليم الإسلامية بهذا الخصوص ٠

ثالثا :- المرأة والعبادة

معلوم أن المرأة في الإسلام ، إنسان كامل التكليف ، حيث منحها اللـه سبحانه وتعالى حق منافسة الرجل في مجال العبادة ، وأعمال الخير ، ولم يغلق في وجهها بابا يمكن أن تدخل من خلاله إلى مرضاة اللـه عز وجل ، أو ترتقي عن طريقه إلى منزلة أعلى ، أو حياة أفضل ٠

وهذا هو الأصل في الإسلام ، إلا أن التشوه الذي طغى على الثقافة ، طال هذا الجانب ، كما طال غيره ، فمنذ بدايات هذا التشوه ، بدأت تظهر أحاديث نبوية ، وآثار إسلامية مزعومة ، رسالتها الأساسية ، سجن النساء في البيوت ، وحرمانهن من الخروج للعبادات ، وشهود الجماعات ، حتى ان بعض هذه الآثار ، اقتحمت على المرأة المسلمة فسحة بيتها ، لتعلن بإسم الإسلام محاصرتها في أضيق منزلة ، وأوحش زاوية ٠٠٠ فصلاتها في سرداب أفضل من صلاتها في الغرفة ، وصلاتها في الظلمة ، أفضل من صلاتها في الضوء ٠٠

ومثل هذه الآثار ، تنظر إلى المرأة المصلّية ، وكأنها أذى يجب حصره في أضيق نطاق وأبعده ٠٠٠ والحديث المشار إليه كما تذكره كتب السنن :- "٠٠٠ عن أم حميد امرأة أبي حميد الساعدي ، أنها جاءت إلى النبي(ص) فقالت :- يا رسول اللـه إني أحب

الصلاة معك ، قال :- قد علمت أنك تحبين الصلاة معي ، وصلاتك في بيتك ، خير من صلاتك في حجرتك ، وصلاتك في حجرتك خير من صلاتك في دارك ، وصلاتك في دارك ، خير من صلاتك في مسجد قومك ، وصلاتك في مسجد قومك خير من صلاتك في مسجدي ، قال الراوي :- فأمرت فبني لها مسجد في أقصى شيء من بيتها وأظلمه ، وكانت تصلي فيه حتى لقيت الـلـه عز وجل (٨٩)٠

" والبيت في الحديث هو غرفة النوم ، والحجرة غرفة الجلوس ، والصلاة في الأولى أفضل من الصلاة في الأخرى ٠٠٠ والصلاة في غرفة الجلوس ، أفضل من الصلاة في عرصة الدار ، وهي في عرصة الدار ، أفضل منها في مسجد الحي٠٠٠ ، وكلما ضاق المكان واستوحش ، كانت الصلاة فيه أفضل(٩٠) " !!!

وأمثال هذه المرويات وضعت لتخدم التقاليد العربية الجاهلية ، التي كانت تجتاح الأنوثة قديما ، وتسلب المرأة حقوقها المادية والأدبية ، وقد استطاعت هذه المرويات المعاكسة لاتجاه الإسلام ، في نظرته السامية إلى حرية المرأة في العبادة ، أن تصدر تحريما بألا تصلي إمرأة في مسجد ، وقد ظل هذا الحظر ، قرابة اثني عشر قرنا ، وما زال إلى اليوم يقاوم جهود العلماء والمصلحين (٩١)

وقد تدرجت هذه المرويات في تضييق الخناق حول عبادة المرأة ، حتى نجحت في إبادها عن المشاركة في العبادة في المناسبات الكبرى ، كالأعياد والجمع ، وذلك -كما يراه الغزالي- إمعانا في عزلها عزلا تاما عن شهود الخير ، الذي أراده الـلـه لها (٩٢)

وبإسم الحجاب الذي هو شعار العبادة وyالطهاره قامت تقاليد في المجتمع العربي ، تزدري المرأة ، وتحتقر الأنوثة ، وتستغل الحجاب الذي جعله الإسلام للمرأة ، كالصدفة للمحارة ، لتجعل منه وسيلة لإذلال المرأة وهوانها ، وطمس شخصيتها ٠٠٠ والإعتداء على أبسط حقوقها في الحياة(٩٣)

وهكذا يرى الغزالي أن حبس المرأة وتجهيلها واتهامها ، أصبح محور النظر في شؤونها العبادية والعادية جميعا ، وأنه على مراحل متعددة من التاريخ العربي والاسلامي، تم ليّ النصوص والآثار (٩٤) الواردة في هذا المجال ، وتحريفها ، خدمة لهذا الغرض ٠

رابعا :- ثقافة تجهيل المرأة

يرى الغزالي أن هناك تقاليد ، وتصورات وضعها الناس ، ولم يضعها الإسلام ، دحرجت الوضع الثقافي والعلمي للمرأة إلى الوراء ، واستبقت في معاملتها ظلمات الجاهلية الأولى ، متمردة بذلك على تنفيذ التعاليم الإسلامية الجديدة(٩٥) ٠

حيث وضعت أحاديث وآثار مكذوبة ، تدعو إلى عدم جواز تعليم النساء الكتابة (٩٦) ، وبناء على مثل هذه المرويات المدسوسة ، ظل العرب والمسلمون ألف عام يمنعون المرأة من التعليم ، ويحولون بينها وبين الإتصال بمراكز العلم (٩٧) ،بل ان التحريم المزيف ظل يحظر على المرأة قرونا طويلة ، محو الأمية (٩٨) ، التي تعد أبسط أشكال التعليم !٠

والغزالي يرى أنه لم تفتح المدارس الإبتدائية ، والإعدادية ، والثانوية ، والعالية للمرأة ، إلا بعد محاولات مجهدة ومجادلات مضنية ٠

أما بخصوص المعاهد والجامعات ، فلم يسمح لها بالدخول إليها ، إلا في فترات متأخرة (٩٩)وهو يرى أن تعليم المرأة المسلمة ، في الفترات المتأخرة بعيدا عن ربطها بالثقافة الإسلامية ، لم يحقق الهدف من تعليمها أساسا ، وهو مساهمتها في بناء المجتمع ، وتنشئة الأجيال على أسس علمية صحيحة ، لذا فهو ينظر إلى تعليم المرأة الذي أعقب السيطرة الإستعمارية على المجتمع العربي ، على أنه لون من الغزو الثقافي (١٠٠) الذي يحقق مصلحة المستعمر ، أكثر مما يحرص على منفعة هذا المجتمع ، ٠٠٠ فهو ضد التجهيل الذي تفرزه التقاليد العربية ، وضد الجاهلية التي تفرضها الثقافة الغربية٠٠!

ويعتقد الغزالي أن نصوصا إسلامية صحيحة أهملت عمدا ، أو حرّف معناها ، وقدمت عليها أحاديث موضوعة ، وروايات واهية ، تحض على جعل النساء أميات ، وهي آثار منكرة (١٠١) ، تخالف روح الإسلام ، وتتناقض مع صورة المرأة في المجتمع الإسلامي الأول ٠٠

ويؤكد أن ارتكاسة المرأة المسلمة في هذا القرن ارتكاسة عظيمة ، بسبب تجاذبها بين الجاهلية الغربية (١٠٢) والتقاليد العربية ٠٠

وبما أن المرأة هي ربة البيت وحاضنة الأولاد ومربية الأجيال ، وغارسة الأفكار الإيجابية أو السلبية فيمن تشرف على تربيتهم ، فإن حبل التربية اضطرب اضطرابا شديدا (١٠٣)، كما أدى هذا التجهيل ، إلى اختلال التوازن في البناء الإجتماعي (١٠٤) ، ووضع المجتمع العربي أمام معضلة كبرى ، تحتم عليه مزاحمة المجتمعات الإنسانية بقدم واحدة ٠٠٠ لأن الأخرى مشلولة ، أو التحليق في سماء الحضارة بجناح واحد ، لأن الآخر مكسور ٠٠ وأنّى لمجتمع هذا حاله ، أن ينجح في تحقيق هذا أو بلوغ ذاك٠٠٠!؟؟

خامسا :- عزل المرأة عن مسيرة المجتمع

يرى الغزالي أن الفكرة التي سيطرت على أدمغة نفر من المتدينين ، هي عزل المرأة عن المجتمع ، واجتياح كيانها الشخصي والمعنوي ٠٠ ، ويرى أن هذا التفكير المشوّه ، أصبح هدفا يحرك هؤلاء الضحايا ، ويحملهم على ترويج أحاديث موضوعة أو واهية ، وتكذيب أحاديث صحيحة أو حسنة ، وعلى تفسير القرآن الكريم ، بآراء لم يعرفها أئمته ، ولا قام عليها مجتمع الإسلام الأول (١٠٥)٠٠٠

وتمشيا مع المنهج السابق ، صدرت فتاوى مكذوبة ، تؤكد أن وجه المرأة عورة ولو من غير فتنة وصوتها عورة ، وصورتها عورة (١٠٦) ، وإذا خرجت من البيت لضرورة قاهرة ، فلا ينبغي أن يُرى لها ظفر ، ٠٠٠ فهي عورة كلها ، لا ترى أحدا ولا يراها أحد (١٠٧)٠٠٠ حتى أن ذكر اسمها عيب ، وأمر مثير للحرج (١٠٨) ، وقد أخذت هذه الفتاوى حكم الأمر اللازم ، وليس الرأي الإحتمالي (١٠٩)٠

وغاية الآثار والفتاوى السابقة ، سجن المرأة في منزلها ومنعها حتى من إخراج رأسها من النافذة ، ناهيك عن الخروج إلى الشارع ٠٠٠

وإذا قضت الحاجة ٠٠٠ بخروج المرأة ، لأمر لا مفر منه ، فعليها بالنقاب الذي يشبه السجن المتحرك ، وهذا يُعدّ تجسيدا لأهداف هذا التفكير المشوّه ، ويعلق الغزالي على ذلك بأنه وجد من يرى النقاب الركن السادس من أركان الإسلام ، وهو يرى أن مع هذا النقاب ، تنكمش إنسانية المرأة ، وتذوي قدرتها الأدبية ، ونشاطها الذي قرره الإسلام من قديم(١١٠)

ومعلوم أنه لكل فعل رد فعل ، وقد كانت هذه التشديدات والتنطعات التي

ليس لها ما يبررها في الدين الإسلامي ، ولا في التفكير الإنساني ، سببا في تمرد المرأة العربية في هذا القرن ، على هذه التقاليد الجاهلية ، وحتى على التعاليم الإسلامية نفسها ، وذلك بمجرد أن سنحت لها الفرصة ، وقدم لها الغرب المنتصر ، البديل الجاهلي الجديد ، حيث سارعت في تقليد المرأة الأوروبية، في زيها ومظهرها ، وعلاقاتها ، ونمط حياتها (١١١)٠٠٠ وهي بذلك تظن أن التجديد على أيّ شكل كان قد يؤدي بها إلى مخرج من الواقع المرير الذي عاشته وتعيشه في الاقطار العربية ، بتأثير التفكير المنحرف والثقافة المشوهة ٠٠٠

وعزل المرأة عن المجتمع ، والحط من شأنها ، أصبح فلسفة قائمة لها أسس ، ومفاهيم وأنصار٠

ويعقب الغزالي على حديث :- "٠٠٠ ما رأيت من ناقصات عقل ودين أغلب لذي لب منكن ٠٠٠" بقوله أن نفرا من المتحدثين في الدين ، شاء أن يفهم من هذا الحديث أمورا لا علاقة لها به ، فصاغ قاعدة كلية نشرها في طول الأمة وعرضها ، وعدها جزءا من تعاليم الإسلام ، ومفادها أن "٠٠٠ النساء ناقصات عقل ودين ٠٠" وقد فسر البعض نقصان العقل بالحماقة ، ونقصان الدين بالمعصية ، وعد الأنوثة ترادف الخسة والهوان ٠٠(١١٢)

وقد مهد هذا التفكير ، لعزل المرأة عن المجتمع عزلا تاما ، وإلغ‍اء أدوارها في شتى نواحي الحياة المجتمعية ، فهي ليس لها دور في الميدان الثقافي ، ولا السياسي ، ولا العسكري ، ولا دخل لها في برامج (١١٣) التربية ، حتى إن محاولة وعيها بالشؤون العامة تعد تطفلا مرفوضا (١١٤)

ويمكن أن نعرض على عجل ، نماذج من التفكير المشوه ، في هذا المجال ، لها دلالاتها في الحياة الإجتماعية٠٠٠٠ من ذلك أن ابن حزم وهو أحد كبار الفقهاء في التاريخ العربي والاسلامي يرى أن الإسلام لم يحذر على إمرأة تولي منصب ما بإستثناء الخلافة العظمى ، يقول الغزالي ، وقد سمعت ـمن العلماء من رد كلام ابن حزم ، بأنه مخالف لقوله تعالى :- { ٠٠ الرِّجَالُ قَوَّامُونَ عَلَى النِّسَاءِ بِمَا فَضَّلَ اللَّهُ بَعْضَهُمْ عَلَى بَعْضٍ وَبِمَا أَنْفَقُوا مِنْ أَمْوَالِهِمْ ٠٠} (١١٥)

فالآية تفيد في فهمه أنه لا يجوز أن تكون المرأة رئيسة رجل في أي عمل ، ويعلق الغزالي على هذا الفهم بقوله :- "٠٠٠ وهذا رأي مرفوض ، والذي يقرأ بقية الآية ، يدرك أن القوامة المقصودة هي للرجل في بيته ٠٠|(١١٦)

وفي مجال القضاء نشأت مدرسة فكرية ، تستبعد شهادة المرأة استبعادا تاما ، في أهم ميادين التقاضي ، وهو ميدان القصاص والحدود ، أيّ فيما يتصل بالدماء والأعراض |(١١٧)

وأهل الحديث يجعلون دية المرأة وهي مؤشر على مكانتها على النصف من دية الرجل ، ويعقب الغزالي على ذلك بقوله :- هذه سوأة فكرية وخلقية ، رفضها الفقهاء والمحققون ، فالدية في القرآن واحدة للرجل والمرأة ، والزعم بأن دم المرأة أرخص ، وحقها أهون ، زعم كاذب ومخالف لظاهر الكتاب (١١٨) ، وليس هذا مجرد رأي لفرد من أفراد المجتمع العربي ، وانما هو جزء من عقيدة تيار واسع في هذا المجتمع !!

وقد استمرت مثل هذه التشوهات ، تضيق الخناق على المرأة وتبالغ في عزلها ، وهضم حقوقها وتحقير إنسانيتها ، وكأنها عار البشرية أو عدوة الإنسانية !!

وهناك من يعمل في ظل الثقافة المشوهة على الإمعان في عزل المرأة عن المجتمع عزلا تاما ، وسلاحهم في ذلك المفاهيم الدخيلة ، التي يتغنى بها انصار هذه الثقافة ، ويترحمون على عصر لا وجود له في التاريخ العربي الاسلامي ، زاعمين أن المرأة لم تكن تخرج آنذاك الا من ثلاث إلى ثلاث ، من بطن أمها إلى بيت أبيها ، ومن بيت أبيها إلى بيت زوجها ، ومن بيت زوجها إلى القبر(١١٩) |وسندهم في ذلك - كما هو شأنهم دائما - الاحاديث الموضوعة والآثار المدسوسة ٠٠!

وتقطيع علاقات المرأة مع المجتمع الواسع ، ومن ثم مع مجتمع القرابة ، واستمرار عزلها في أضيق نطاق ، منذ ولادتها إلى وفاتها ، وحرمان المجتمع من طاقاتها وقدراتها ، كل ذلك يعكس مدى خطورة تشوه الثقافة في هذا الجانب ، وحجم الخلل الذي يفرزه هذا التشوه ، في مختلف ميادين الحياة٠

الفصل الثالث - التشوه الثقافي في الميدان الاقتصادي

اولا :- هيمنة التواكل على التفكير في المجال الاقتصادي ٠

١- كراهية الإحتراف ٠٠٠ وازدراء الصناعة ٠

٢- الإستسلام للعجز ٠٠٠ وإضعاف روح المبادرة

٣- تكريس الخضوع للتبعية ؟

٤- العلاقة السلبية بالوظائف العامة

ثانيا :- الترويج لفلسفة الفقر ٠٠؟

١- التصورات الخاطئة حول الغنى والفقر

٢- الترغيب في الفقر والترهيب من الغنى

٣- التفكير القاصر عن إدراك حاجات العصر

أولا :- هيمنة التواكل على التفكير في المجال الاقتصادي ٠

١-كراهية الاحتراف ٠٠ وازدراء الصناعة

تسيطر على العقل العربي ، عادات وتصورات عديدة تتعارض مع أبجديات الفكر الإسلامي ، لعل من أبرزها الحفاوة بالأنساب على حساب تقدير الأعمال (١٢٠)٠

وقد طغى على العقل العربي عموما كراهية الاحتراف ، والضيق بالمهن الشريفة وازدراء الصناعة ، واحتقار الفلاحة ، إلى غير ذلك ٠٠٠

فالغزالي يرى أن هذه النزعة الموجودة في التفكير العربي ، هي نزعة بدوية ، ازداد ظهورها وتبلورها ، في عهود التشوه الثقافي ، وقد كانت عاملا من عوامل انهيار الدولة الإسلامية(١٢١)٠٠٠

فالفرق كبير بين العقلية المريضة التي تظن أن العمل ضعة لا تليق ، وأن الاحتراف يهدم الكرامة ، والتي لا تقبل من العمل إلا ما كان صوريا ناعما بعيدا عن الكد والجهد (١٢٢)٠٠٠ هذه العقلية التي تضيق بالإنتاج ، ثم هي تنشرح بعد ذلك بالجلوس إلى مائدة ليس لها شرف إنتاج شيء من أطعمتها ، ولا من أوانيها ولا من كراسيها (١٢٣)٠٠ فرق كبير بين هذه الموروثات المختلة وبين الثقافة الإسلامية الأصيلة التي توجب النظر إلى الإنسان وقدراته على أنهما قرينان يعلوان معا أو يهبطان معا(١٢٤)فمن أبطأ به عمله لم يسرع به نسبه ٠٠ !

٢- الاستسلام للعجز وضعف روح المبادرة ٠

يقول الغزالي ، ومع أن القرآن كتاب حياة ، ينبض بتوجيه عارم إلى حركة دائمة وعمل دؤوب ، فإن أساليب العمل ملتوية جدا في أيدي العرب والمسلمين ، والانتشار في الأرض الذي أمروا به ، لا يعدو في اتساع خطوه ، حركات السلحفاة ، ومناكب الأرض التي ذكرت في كتابهم ، ضاقت في أذهانهم حتى غدت روتينيات فارغة (١٢٥) ، وحركات هائمة٠

فالعجز والكسل فيما يرى الغزالي - من آفات المجتمع العربي ، حيث ترى

الرجل ، بسبب عجزه وتواكله يخرج العمل من بين يديه شائها مقبوحا ، وقد كان يستطيع إتمامه وتحسينه ، ويصف الغزالي جانبا من هذه الصورة فيقول :-"٠٠٠قد رأيت من يجلس واضعا قدما على أخرى قريبا من قمامة لا يفكر في إزالتها ، أو تتساقط المياه حوله " من حنفية " معطوبة فلا يفكر في(١٢٦) إصلاحها ٠٠٠ وقد أدى شيوع هذه الأخلاقيات وتغلغلها في حياة العرب والمسلمين ، إلى جعل هذا المجتمع كسولا في حركته ، مغبونا في وقته ، مهضوما في ماله وخيراته ، مع أن المساحات التي يحتلها بين المجتمعات الاخرى ، حافلة بأسباب الثراء والقوة ، إلا أن آفة الكسل والتواكل عطلت فيه غرائز النشاط ، وقتلت فيه ملكت الابتكار ، وأماتت فيه روح المبادرة ، وألقت به في ذيل القافلة البشرية السائرة (١٢٧)٠٠٠

وقد استطاع الغرب ومعه العديد من المجتمعات البشرية ، اجتياز عصور الظلام واكتشاف البارود والبخار ٠٠ والكهرباء ٠٠٠والذرة٠٠٠ ، وما زالوا على هذا الطريق سائرون ، والعرب والمسلمون في مكانهم جاثمون ، يبذرون الحب ٠٠ ويرجون الرب ، ولا يدرون شيئا قلّ أم كثر ، عن الكون الذي فيه يعيشون (١٢٨)٠

حتى أن ثرواتهم الضخمة ، الكامنة في باطن أرضهم ، والمنتشرة في أرجاء بلادهم وأعماق بحارهم ، وصحاريهم يعجزون عن استخراجها ، ويفشلون في استثمارها مما يجعلهم يلجئون باستمرار إلى المجتمعات الصناعية ، والدول الغربية ، للإستفادة من الهبات الربانية (١٢٩) ،التي هي بين أيديهم وتحت أرجلهم ٠٠٠ ويفسر الغزالي ذلك بالاستسلام للعجز وغياب روح المبادرة في مجالي العمل والإبداع ٠

٣- تكريس الخضوع للتبعية

يرى الغزالي أن الشعوب العربية والإسلامية عموما ، شعوبا مستهلكة لا منتجة ، وأنها تأخذ أكثر مما تعطي (١٣٠) ، وقد جعلها ذلك تابعة في حاجاتها ، وشؤون حياتها ، لمن يملك أن يلبي لها هذه الحاجات ٠

ويرى الغزالي بأن التبعية ، جاءت للمسلمين من وراء الحدود ، بمن يستخرج لهم النفط من أرضهم ، وبمن يقيم لهم الجسور على أنهارهم ، وبمن يصنع لهم حتى الإبرة التي يخيطون بها ملابسهم (١٣١) ٠

والذي لا شك فيه أن التبعية ، عندما تسيطر على هذه المساحات الشاسعة في حياة العرب يصبح بقاؤها ضرورة ملحة ، للحفاظ على هذا النمط المزيف من الحياة ، وذلك ما يجعل هذا المجتمع يرعى التبعيّة ، ويعمل على تكريسها لأن وعيه مزيف ، وثقافته مشوّهة.

٤- العلاقة السلبية بالوظائف العامة .

يعتقد الغزالي أن المناصب والوظائف ، على اختلافها وتنوعها ، أمانات مسئولة يجب احترامها ، والقيام بواجبها ، وتأدية حقها ، إلا أنه يرى أن العرب والمسلمين هم أكثر أمم الأرض ، إضاعة للمسئوليات ، وتفريطا بهذه الواجبات ، واستغلالا لهذه المصالح ، في سبيل تحقيق الأغراض الشخصية ، والأطماع الفردية ..!!

فالوظيفة في المجتمع العربي أضحت مصدرا للأخذ ، أكثر مما هي وسيلة للعطاء (١٣٢) ، وهي وسيلة لقتل الأوقات وإضاعة الساعات ، وربما اتخذها البعض فرصة للعبادة أو مناسبة للثرثرة في الهواتف ، أو مطالعة الصحف والمجلات ، أو الاستماع للمذياع ، أو مشاهدة التلفاز أو ممارسة هوايات شخصية ، أو تأدية واجبات ذاتية .

وعندما نعلم أن القطاعات الوظيفية في المجتمع العربي والإسلامي تكاد تكون المتنفس الوحيد للطاقات البشرية في تلك المجتمعات ، يمكن أن نقدر على ضوء ذلك ، حجم الخطورة التي يخلفها العبث الوظيفي ، في حاضر هذه المجتمعات و مستقبلها...

ويرجع الغزالي، هذا التسيّب الوظيفي إلى الفهم المشوه للعبادة في الإسلام ، حيث يعتقد العوام ، أن مفهوم العبادة يقتصر على العبادات المأثورة من صلاة وصيام ، وهذا خطأ فادح ، إذ أن المفهوم الحقيقي للعبادة في الإسلام ، يتسع ليشمل حياة الإنسان كلها كما أسلفنا في موضع آخر ، والوظائف ضمن هذا التصور (١٣٣) ، تعد من أهم وأخطر العبادات في الحياة ، لما لها من تأثير كبير ومباشر على مصالح المجتمع والأفراد ، على حد سواء ...

ثانيا :- الترويج لفلسفة الفقر.

١- التصورات الخاطئة حول الغنى والفقر

قال تعالى :{.. المال والبنون زينة الحياة الدنيا ، والباقيات الصالحات خير عند

ربك ثوابا وخير أملا ٠٠} (١٣٤) يعقب الغزالي على هذه الآية بقوله :-"٠إن هذه المقارنة ليست بين نقيضين متقابلين ، فرب محروم من المال والبنين ، لا آخرة له ، ورب مستمتع بالمال والبنين ، له عند الـلـه الدرجات العلى ، والعامة تتصور أن من أوتي المال والبنين لا مكانة له عند الـلـه ، وأن مكانته هابطة بقدر ما أوتي من خير ، وكأنهم بهذا الفهم يجعلون الصعلكة شرطا لدخول الجنة ، والظفر بالعاقبة الحسنة (١٣٥) وهذا تصور خاطىء٠٠٠

وهناك تصوّر آخر ، يعدّ صورة مقلوبة للتصور السابق ، يقوم على أساس ٠٠ أن الغنى تكريم ذاتي لبعض الأفراد والأسر ، وأن الفقر هوان ذاتي ، قصده الـلـه لبعض الأفراد والأسر ، وأن مكانة الإنسان عند الـلـه ، ودرجة رضا الـلـه على الإنسان (١٣٦) يدل عليهما ، مستوى الفقر أو الغنى الذي يعيشه الإنسان في حياته ٠!

ولعل الانحراف في هذا التصور لا يقل عن الانحراف في التصور الذي سبقه ، وشيوع هذين التصورين المتناقضين ليس أمرا غريبا ، اذ أنهما يعكسان صورة فئتين كبيرتين في المجتمع العربي والإسلامي ، الفئة الفقيرة والفئة الغنية ، وواضح أن كل فئة جعلت من واقع حياتها ومستوى معيشتها ، معيارا لرضا الـلـه أو سخطه ، والحقيقة أن التصورين خاطئين ، ونظرة الـلـه إلى الإنسان لا تستند إلى أي منهما ٠٠!

ويرى الغزالي أن هذا الانحراف بشقيه ، يرجع إلى أن التصورات الدينية في المجال المالي لم تكن تنبع أساسا من كتاب الـلـه وسنة رسوله ، والتقاليد الإسلامية الراشدة ، بل كانت تنبع من طبائع الأثرة والهوى التي استفحلت في الشرق الإسلامي بما فيه المجتمع العربي ، وكانت لها ظلال كئيبة على هذا المجتمع خلال قرون طويلة ، حيث نشأ عن تبلور واستقرار هذه التصورات ، تسليم بالحظوظ العمياء والتفاوت الظالم ، وعد ذلك هو الوضع الطبيعي (١٣٧) ٠

٢- الترغيب في الفقر والترهيب من الغنى

يرى الغزالي أن قضية الفقر والغنى ، تحتاج إلى بيان صحيح ، فجمهور المسلمين يفضل الفقر على الغنى ، ولا تزال كتبنا المتأخرة ترى أن الفقير الصابر أفضل عند الـلـه من الغني الشاكر (١٣٨) ، وقد يجري على لسان المسلم في ذم الثراء وأهله ، قوله

تعالى :-{٠٠٠ فلا تعجبك أموالهم ولا أولادهم ، إنما يريد الله ليعذبهم بها في الحياة الدنيا وتزهق أنفسهم وهم كافرون ٠٠} (١٣٩) وقد زعم عدد كبير من المسلمين ، أن الرسول (ص) آثر الفقر على الغنى (١٤٠) ، ودعا إلى قلة ذات اليد ، وهم بإقرار هذه الفلسفة ، جعلوا الفقر جزءا من الإسلام ، وعملوا على نشره في أوساط الامة العربية والاسلامية كلها ، من عدة قرون ، وجعلوها عاجزة عن الغنى والثراء (١٤١) ، رغم توفر أسبابه بين يديها٠!

فتحت عنوان " الترغيب في الفقر وقلة ذات اليد ، وما جاء في فضل الفقراء والمساكين والمستضعفين ، وحبهم ومجالستهم " ذكر الحافظ المنذري رحمه الله أكثر من مائة حديث لا ينتهي المرء من قراءتها ، حتى يقرر تطليق الدنيا بينونة كبرى (١٤٢) ، ويذكر الغزالي أنه قرأ في مواضع أخرى خمسين حديثا ترغب فيالفقر وقلة ذات اليد وما جاء في فضل الفقراء والمساكين والمستضعفين وحبهم ومجالستهم ، وسبعة وسبعين حديثا في الزهد في الدنيا والاكتفاء منها بالقليل ، والتحذير من التكاثر فيها أو التنافس عليها ، وسبعة وسبعين حديثا أخرى في عيشة السلف وكيف كانت كفافا(١٤٣)٠٠٠ !!

ومع أن هذه الأحاديث تخالف أحاديث أخرى أصح منها سندا ومتنا ، وقبل ذلك تخالف منطق القرآن الكريم ، الذي يجعل من السعي في مناكب الأرض واجبا إسلاميا ، مع ذلك فإن هذه الأحاديث ، وجدت رواجا واسعا في أوساط الجماهير الغفيرة من العرب والمسلمين على حد سواء٠٠!

ويرى الغزالي أن ما صح من هذه الأحاديث إنما هو للمواساة والبشرى ، وأنها لا تعني أن الثراء عيب ، وأن الغنى يؤخر المنزلة ، بيد أن جهلة المحدثين أرادوا اقامة مجتمع من الصعاليك ، وإذا انضم تحبيب الفقر للمسلمين ، إلى احتقار العرب الفطري للحرف ، والصناعة ، والزراعة ، فلا سبيل أمام المجتمعات العربية إلا أن تكون في ذيل القافلة البشرية (١٤٤) او فيما يعرف اليوم بمجتمعات العالم الثالث ٠٠!

ويقوى الترويج لهذه الفلسفة ، رغم أن العشرة المبشرين بالجنة ، ليس منهم فقير واحد ٠٠إلا أن شدة الترغيب في الفقر ، والترهيب من الغنى ، أشاعت عبر الأجيال ، ان أغنياء الصحابة وهم الذين وقفوا أموالهم في سبيل الله يدخلون الجنة زحفا على بطونهم ، تكفيرا عن جريمة الغنى التي ارتكبوها في الدنيا ٠٠(١٤٥)٠

وقد كان للحركات الصوفية في التاريخ العربي والإسلامي دور كبير في نشر فلسفة الفقر ، وتزهيد الناس في الدنيا.

وأخيرا يرى الغزالي أن كل دعوى تحبب الفقر إلى الناس ، أو ترضيهم بالحد الأدنى من العيش ، أو تقنعهم بالتهاون في شؤون الحياة ، أو تصبِّرَهم على قبول البخس والرضا بالدنيّة ، انما هي دعوة فاجرة ، يراد بها التمكين للظلم الإجتماعي والإبقاء على التخلف العام(١٤٦)يسود حياة العرب والمسلمين ..!

٣- التفكير القاصر عن إدراك حاجات العصر .

معلوم أن أركان الإسلام خمسة أركان ، وأن الزكاة هي الركن الثالث من هذه الأركان ، والزكاة هي أكثر أركان الإسلام إتصالا بالجانب الإقتصادى للمجتمع ، كما أنها تعد من أهم وأوسع المداخيل المعروفة للدولة الإسلامية .

والأهمية السابقة للزكاة ، تستوجب أن ينظر إليها في ضوء حاجيات المجتمع المتزايدة والمداخيل المالية المستحدثة .

إلا أن هناك من العلماء والمشتغلين بالفتوى ، من يتجاهل ذلك تماما ، بل إن اجتهادات البعض منهم ، تنمّ عن تفكير معاكس لتطور الزمان وتجاوز كبير لمقتضيات العصر.

ويستشهد الغزالي بمثال على ذلك ، من خلال فترة عمله في الجزائر ، حيث ظهرت فتاوى لبعض المشتغلين بالحديث تسقط الزكاة عن عروض التجارة ، ويعلق الغزالي على ذلك ، بأن التجار في الدنيا هم ملوك المال ، وأن الانجليز افتتحوا القارة الهندية بشركة تجارية ، وأن الاستعمار الاقتصادي ما زال يهيمن على ميادين التجارة حتى يمتلك أعناق الشعوب ... وبعد ذلك كله يتساءل الغزالي كيف يزعم عالم أن عروض التجارة لا زكاة فيها ؟ ويسأل :- أين نذهب بقوله تعالى :-{ **يا أيها الذين آمنوا انفقوا مما رزقناكم من قبل أن يأتي يوم لا بيع فيه ولا خلة ولا شفاعة ..**} |(١٤٧) وقوله تعالى :-{ **ومما رزقناهم ينفقون.**} |(١٤٨) وقوله :-{.. **يا أيها الذين آمنوا انفقوا من طيبات ما كسبتم ، ومما أخرجنا لكم من الأرض..**} (١٤٩)

ويستغرب الغزالي هذا النمط من التفكير عندما يضيف هذا المفتي إلى إسقاط الزكاة عن أوسع قطاع في الإقتصاد الحديث ، أن الزكاة في الزراعة لا تخرج إلا من القمح والشعير والتمر والزبيب ، وكأن الكرة الأرضية هي نجد وتهامة والحجاز ؟؟ والمفتي يختم فتواه هذه بتقليص حصيلة الزكاة فيما تبقى إلى العشر ويتساءل الغزالي بعد أن يناقش هذا المجتهد ، ويدحض فتواه من الناحية الشرعية ، حول فائدة المجتمع الإسلامي ، عند مسخ أعظم مداخيله المالية إلى هذا الحجم التافه (١٥٠) وهل وعى هذا المفتي واقع العرب والمسلمين عندما أطلق فتواه ؟؟! وهل هناك أدنى علاقة بين هذا الفكر الذي نقرأه ٠٠ وهذا العصر الذي نعيشه ؟؟!!

والمثال السابق يمثل مدرسة قائمة وفلسفة رائجة ، لها أتباع وأنصار في كل مكان ٠٠٠

الفصل الرابع - التشوه الثقافي في الميدان السياسي

أولا :- جمود الفكر السياسي الإسلامي

ثانيا :- اختلال مفهوم الشورى في النظام السياسي الإسلامي ٠

ثالثا :- تجذير أخلاقيات الإستبداد السياسي ٠

أولا :- جمود الفكر السياسي الإسلامي ٠

يرى الغزالي أن المسلمين أغنياء في الفقه التشريعي ، وفقراء في الفقه السياسي ، بمعناه الإداري والدستوري ، وهو يعتقد أن هذا يؤدي إلى تخبط في الرؤية السياسية ، التي ما زالت عبارة عن مبادئ عامة ، لم تترجم تاريخيا إلى فقه وبرامج تثري تصورات الفرد المسلم ، وتمكنه من التعامل مع الحياة من خلالها ، وهو يرى أن هذا الاضمحلال في الفكر السياسي عند المسلمين ، يرجع أساسا إلى الانفصال (١٥١) بين الممارسة السياسية في التاريخ العربي والاسلامي، وبين التعاليم الإسلامية في المجال السياسي٠

وقبل أن يصل الفكر السياسي الإسلامي إلى مرحلة الجمود في القرن السابع الهجري وما بعده ، فقد تحدث العلماء القدامى في السياسة الشرعية والتراتيب الإدارية في المجال السياسي ، بيد أن حديثهم كان قليلا ، ويبدو أنهم أوجزوا حتى لا يصطدموا بالساسة ويتعرضوا للمحن ، ومع إيجازهم يرى الغزالي أنهم وقفوا عند حاجات عصرهم (١٥٢) ومستلزمات زمانهم ٠٠!

وقد كان للجمود في هذا الميدان ، إنعكاسات سلبية على الحياة في المجتمع العربي ، أدت إلى طمس أبجديات الحقوق السياسية المقررة منذ اكتمال الإسلام ، حيث اختفت الشورى أو كادت وضاعت حقوق الإنسان ، وأهدرت كرامة الشعوب ، ونزعت الحصانة عن الأموال العامة ، والدماء البريئة ، وأمسى حديث العلماء أو الدهماء في أمور الساسة أو شؤون السياسة ، جناية غير مغفورة (١٥٣) وجريمة لا تعدلها جريمة ٠٠

وكما أدى جمود الفكر السياسي إلى طمس مبادئ سياسية معروفة في الشريعة الإسلامية ، فأن هذا الجمود كان أعجز من أن يستوعب مستجدات جديدة في الحياة السياسية المعاصرة ٠٠

نذكر من ذلك - على سبيل المثال - تحديد مدة رئيس الدوة ، وتعدد الأحزاب السياسية (١٥٤) ، وهي مواضيع هامة ، تحتاج إلى معالجة جديدة ، على ضوء المسيرة التاريخية للدولة الإسلامية ٠

وهو يرى كذلك أن الفكر السياسي المهيمن في الثقافة الإسلامية المشوهة ، غير قادر على مناقشة أبسط المفاهيم السياسية المرتبطة بمصالح الأفراد والشعوب (١٥٥) كرسالة الدولة ومفهومها ، والغاية منها ، وطريقة بنائها وأسلوب تسييرها وأساس التغيير فيها ، وصلاحيات القائمين عليها ، وحقوق القاطنين فيها ، ودورها في صيانة الحريات والأموال والدماء والحرمات والأعراض، ومسئولياتها في المراقبة والمتابعة ، وأساس الثواب والعقاب ، وقضايا أخرى كثيرة ، تعد في هذا العصر على وجه الخصوص من ضروريات الحياة الإنسانية ، لكافة شعوب المعمورة   ٠٠٠

ثانيا :- اختلال مفهوم الشورى في النظام السياسي الإسلامي ٠

لقد تأسس المجتمع العربي الإسلامي على التناصح ، والتواصي بالحق والتعاون على الخير ، والأمر بالمعروف والنهي عن المنكر ، ورفض الإعجاب بالرأي ، أو الافتئات على الجماعة (١٥٦) ، أو الإكراه على فكرة ، أو التعصب لوجهة نظر ٠٠٠

وحفاظا على هذه الاسس ، جعل الإسلام الشورى ، أساس المجتمع ، والعمود الفقري للنظام السياسي للدولة ، الا أن الحكم الفردي في التاريخ العربي والإسلامي ،

استبعدها وعدها من وسائل الترف في الحكم ، وإن سمح بالإستعانة بها ، فإنّ نتائجها غير ملزمة ، وللحاكم أن يسمع ، ثم يقرر ما يراه مناسبا ، وقد كان هذا الأسلوب في التعامل مع الشورى ، سببا في تلاشي أجهزتها ، وانهدام أركانها (١٥٧) ، وضياع الغاية منها ٠٠٠ والغزالي يرى أن الصور الساذجة للشورى فيما يدور بين الناس من حديث ، أو فيما يسعون له من مصالح ، لا يغني في شؤون السياسة ، ولا يجب أن تنخدع الشعوب بهذه النماذج السطحية إذ أن الشورى على مستوى الدولة ، تحتاج إلى مؤسسات ضخمة ومتخصصة ومسئولة ، لضبط شؤون حياة العرب والمسلمين الممتدة بين المحيطات العظمى (١٥٨) فمنذ أن تمردت الممارسة السياسية ، على المبادئ الإسلامية ، كادت الحقيقة العقلية لكلمة " الشورى " تتلاشى من واقع الحياة ، ومن مفهوم الثقافة ، وأصبحت المؤسسات الشورية ، ألفاظا لا وجود لها ، كالغول والعنقاء والخلّ الوفي(١٥٩) ٠

والغزالي يرى أن سياسة الحكم الفردي في التاريخ العربي والاسلامي، والمجتمع العربي المعاصرة ، تقوم على الإغداق على المؤيدين وتقريبهم ، والرفع من شأنهم والشح والحرمان على المخالفين أو المعارضين ، وهو يعتقد أن الشورى تختنق (١٦٠) في مثل هذه الأجواء ، ويسخر من الأفكار التي اخترعت لتبرير الواقع الإستبدادي في العالم العربي ، كفكرة " المستبد العادل " ويرى أن كلمة " مستبد عادل " تساوي " عالم جاهل " و" تقي فاجر " وأنها جمع بين الأضاد (١٦١)

ثالثا:- تجذير أخلاقيات الإستبداد السياسي ٠

قال عبادة بن الصامت (رض) :-" بايعنا رسول الـلـه (ص)على السمع والطاعة في منشطنا ومكرهنا ٠٠ وعسرنا ، وعلى ألاّ ننازع الأمر أهله ٠٠٠ إلا أن تروا كفرا بواحا عندكم من الـلـه فيه برهان " ويرى الغزالي أن هذا الحديث الجليل يتضمن آدابا رفيعة ، يوجزها في نقاط ، منها السمع والطاعة ، وألا تغلب المسلمين رغبات المنافسة والتصدر ، وإذا نال أحد الحكم بالأسلوب المشروع ، لا يجوز أن تتصيد له الأخطاء ، وأن تعلن عليه الحرب حتى يفقد سلطانه ، إلا أن عددا من الشرّاح ، نقل الحديث إلى واد آخر ، وجعله دفاعا عن الحكم الفردي ، وذريعة إلى الاستكانة له

مهما كانت مغارمه ومظالمه ، وهو يقول نحن نرفض الخروج المسلح على الدولة ، ونتشاءم من الثورات العمياء ، لكن هل يعني ذلك أن نفسر السمع والطاعة في جميع الأحوال بأنها لفلان ؟وأن مقتضى ذلك قبول غشمه والركون إلى شخصه ؟٠٠ ويجيب أن الحكم الفردي يؤثر هذا التفسير ويدعمه ، لأنه يهيئ له الأجواء التي يعيش فيها ، وذاك ما أخذ مساحة واسعة من تاريخنا القديم٠

ويعلق على ما سبق ،بأن هناك علماء مسلمون ، قدامى وجدد ،لا يفهمون الحكم إلا سلطة لا تسأل عما تفعل ، ورعية ينبغي لها أن تصبر على قدرها ، وتقبل كل ما ينزل بها ، عملا بمبدأ السمع والطاعة وإلا ماتت ميتة جاهلية ٠٠!!

والغزالي يرى أن هذا الفهم المنكر ، جعل الشورى تختفي من مجتمعات عربية وإسلامية كبيرة ، وجعل فرعون وقيصر يعودون إلى الحياة مرة أخرى ، وعلى رؤوسهم عمائم الإسلام ، أيديهم وأقدامهم تقبل ، وأوامرهم ونواهيهم تنحني لها الهام (١٦٢)!!

وهو لا يستغرب وجود السلوكيات السابقة للحكم الفردي ، لأنها تكاد أن تكون ثمارا طبيعية أو نتائج حتمية ، لمثل هذا النمط من الحكم ، إنما تكمن الخطورة والغرابة في وجود علماء مسلمين ، يجتهدون في إصباغ الصفات الشرعية على أشكال الحكم الاستبدادي ، ولا بأس أن يوظفوا فى سبيل ذلك آيات قرآنية ، وأحاديث نبوية ، ليصلوا في النهاية إلى أن الحكم الفردى ، هو النموذج المثالي للحكم الذي أوصى به الإسلام!!

وهؤلاء عندما يقرءون قوله تعالي :-{وشاورهم في الأمر }(١٦٣) يقولون شاور ثمّ امض على ما رأيت ، فالشورى غير ملزمة للحاكم ، ويتساءل الغزالي لحساب من هذا التفسير؟٠٠٠وهب مفسرا قديما سقط فيه ، فلحساب من يروج له الرجال الجدد ، وهم يعلمون المعاطب الهائلة التي أصابت أمتنا من إستبداد حكامها عبر تاريخ طويل مرير(١٦٤)؟!

وهو يعيب على هؤلاء العلماء إلحاحهم على عدم إلزامية الشورى للحاكم ، وتجاهلهم بذلك لماضي الأمة (١٦٥) وحاضرها ، وجهلهم بحقوق الشعوب ، وحقوق الإنسان ، وأسس الشورى والبيعة ، وخلطهم بين تقاليد الشعوب ، وتعاليم الإسلام ، وأخطاء التاريخ(١٦٦) وحقائق الدين٠٠٠

وقد وضع أحدهم دستورا إسلاميا أعطى فيه رئيس الدولة صلاحيات شبة مطلقة (١٦٧) دونها بمراحل سلطات القيصر الأحمر في موسكو ، أو حاكم البيت الأبيض في واشنطن ٠٠ والغزالي يلخص مشكلة هؤلاء العلماء الذين يعملون على ترسيخ جذور الاستبداد السياسي في الثقافة الإسلامية في ثلاثة أمور:-

أولا:-سوء فهم لمعنى الشورى ، وخلط في تصور أجهزتها المشرفة على شؤون الحكم ٠

ثانيا:-تغاضي عن الأحداث التي أصابت المسلمين على مدار تاريخهم الطويل ، والتي نشأت أساسا عن استبداد الحاكم ، وغياب مجلس الشورى ٠٠٠

ثالثا:- جهل بالأصول الإنسانية ، التي نهضت ليها الحضارة الحديثة ، والرقابة الصارمة التي وضعت على تصرفات الحاكمين(١٦٨)٠

ورغم تهافت هذه الثقافة المشوهة ، ومعارضتها للنصوص الإسلامية الصريحة ، ومخالفتها لسيرة الرسول (ص) والصحابة من بعده ، إلا أنها للأسف هي التي حكمت تاريخنا العربي والإسلامي الطويل ، وهي التي ما زالت تسيطر على واقع مجتمعاتنا المعاصرة ٠

إنها ثقافة خاطئة ، لكن جذورها في التفكير العربي عميقة ٠٠!!

هوامش القسم الرابع

٣١- محمد الغزالي / دستور الوحدة الثقافية بين المسلمين / دار القلم للطباعة والنشر والتوزيع / الكويت / ط (٢) / ١٤٠٣هـ ١٩٨٣م/ ص(١٤٨)٠

٣٢- محمد الغزالي / الإسلام والطاقات المعطلة / مرجع سابق / ص(٦٩-٧٩)٠

٣٣- محمد الغزالي / دستور الوحدة الثقافية بين المسلمين /مرجع سابق / ص(١٤٨-١٤٩)٠

٣٤- محمد الغزالي / الدعوة الإسلامية تستقبل قرنها الخامس عشر /مرجع سابق / ص (٥٧)٠

٣٥- محمد الغزالي / الدعوة الإسلامية تستقبل قرنها الخامس عشر/مرجع سابق / ص (٥٨)٠

٣٦- محمد الغزالي / الدعوة الإسلامية تستقبل قرنها الخامس عشر / مرجع سابق / ص (٥٧) ومن أمثلة ذلك أن " ٠٠ احمد عرابي باشا أقام مع رجاله قبيل موقعة التل الكبير حفل رقص ديني كي ينصره اللـه على الانجليز ، وكانت النتيجة أن انهزم الباشا بعد معركة استغرقت ثلث ساعة ٠٠" المرجع السابق ٠

٣٧- محمد الغزالي / الدعوة الإسلامية تستقبل قرنها الخامس عشر/مرجع سابق / ص (٧٠)٠

٣٨- محمد الغزالي / مشكلات في طريق الحياة الإسلامية / مرجع سابق / ص (٤٢+٤٧)٠

٣٩- لقد تطرق الغزالي لهذا الموضوع في العديد من كتبه ، ولعل من أبرزها كتابه الجديد " السنة النبوية بين أهل الفقه وأهل الحديث " حيث خصص فصلا كاملا لمناقشة هذه المسألة تحت عنوان " المس الشيطاني حقيقته وعلاجه "

٤٠- محمد الغزالي / الإسلام والطاقات المعطلة / مرجع سابق / ص (٩٨)٠

٤١- محمد الغزالي / مشكلات في طريق الحياة الإسلامية / مرجع سابق / ص (٢٣-٢٤)٠

٤٢- محمد الغزالي / دستور الوحدة الثقافية بين المسلمين / مرجع سابق / ص (١٥٥)

٤٣- محمد الغزالي / هموم داعية / مرجع سابق / ص (٣١-٣٢)٠

٤٤- محمد الغزالي / مشكلات في طريق الحياة الإسلامية / مرجع سابق / ص (٤٨)٠

٤٥- محمد الغزالي / الغزو الثقافي يمتد في فراغنا / مرجع سابق / ص(٦٠)٠

٤٦- محمد الغزالي / مشكلات في طريق الحياة الإسلامية / مرجع سابق / ص(٤٨)٠

٤٧- محمد الغزالي / دستور الوحدة الثقافية بين المسلمين / مرجع سابق / ص(١٧٨)٠

٤٨- محمد الغزالي / السنة النبوية بين أهل الفقه وأهل الحديث / مرجع سابق / ص (١١٠)٠

٤٩- محمد الغزالي / السنة النبوية بين أهل الفقه وأهل الحديث / مرجع سابق / ص (١١٤)، من الاحاديث التي انتشرت في هذا المجال وساء فهمها ، ما رواه أنس بن مالك (رض) "٠٠٠ اشتكى سلمان الفارسي - في مرض موته - فعاده سعد بن أبي وقاص ، فرأه يبكي ، فقال له سعد : ما يبكيك يا أخي ؟ أليس قد صحبت رسول اللـه (ص) ؟ أليس ٠٠؟؟ قال سلمان : ما أبكي واحدة من اثنتين ، ضنا على الدنيا ، ولا كراهية للآخرة ، ولكن رسول اللـه (ص) عهد الينا عهدا ، ما أراني إلا قد تعديت ، قال سعد : وما عهد اليك ؟ قال عهد الينا أنه يكفي أحدكم مثل زاد الراكب ، ولا أراني إلا قد تعديت ٠٠!! قال المنذري: وقد جمع مال سلمان بعد وفاته ، فبلغ خمسة عشر درهما "٠

٥٠- سورة النساء : آية {٣٤}
٥١- محمد الغزالي / السنة النبوية بين أهل الفقه وأهل الحديث /مرجع سابق / ص (٤٧)٠
٥٢- محمد الغزالي / الحق المر / دار الشهاب للطباعة والنشر والتوزيع - باتنة - الجزائر / ١٩٨٧/ص(٦٢)٠
٥٣- محمد الغزالي / دستور الوحدة الثقافية بين المسلمين / مرجع سابق / ص(١٩٠)٠
٥٤- محمد الغزالي / دستور الوحدة الثقافية بين المسلمين / مرجع سابق / ص(١٦٢)٠
٥٥- محمد الغزالي / دستور الوحدة الثقافية بين المسلمين / مرجع سابق / ص(١٦٥)٠
٥٦- محمد الغزالي / دستور الوحدة الثقافية بين المسلمين / مرجع سابق / ص(١٩٠)٠
٥٧- محمد الغزالي / دستور الوحدة الثقافية بين المسلمين / مرجع سابق / ص(١١٣)٠
٥٨- محمد الغزالي / دستور الوحدة الثقافية بين المسلمين / مرجع سابق / ص(١٩٠)٠
٥٩- للاستاذ الغزالي رأي واضح ودقيق في الموسيقى والغناء ، فهو لا يحرّمها على الاطلاق ، ولا يبيحها بدون قيود ، وانما يرى أن الغناء كلام ، قبيحه قبيح ، وحسنه حسن٠
٦٠- محمد الغزالي / الدعوة الإسلامية تستقبل قرنها الخامس عشر/مرجع سابق / ص (٦١)٠
٦١- محمد الغزالي / مستقبل الإسلام خارج أرضه كيف نفكر فيه ؟/مرجع سابق/ص (٩٧)٠
٦٢- محمد الغزالي / دستور الوحدة الثقافية بين المسلمين / مرجع سابق / ص (١٩٠)٠
٦٣- سورة الاعراف : آية {١٧٢}٠
٦٤- محمد الغزالي/السنة النبوية بين أهل الفقه وأهل الحديث/مرجع سابق/ص(١٤٦-١٤٧)٠
٦٥- محمد الغزالي / الغزو الثقافي يمتد في فراغنا / مرجع سابق / ص(٥٣)٠
٦٦- محمد الغزالي / الدعوة الإسلامية تستقبل قرنها الخامس عشر/مرجع سابق/ ص (٦٩)٠
٦٧- محمد الغزالي / السنة النبوية بين أهل الفقه وأهل الحديث /مرجع سابق / ص (١٤٩)٠
٦٨- محمد الغزالي / السنة النبوية بين أهل الفقه وأهل الحديث /مرجع سابق / ص (١٤٨)٠
٦٩- محمد الغزالي / الإسلام والطاقات المعطلة / مرجع سابق / ص(١٠٠)٠
٧٠- محمد الغزالي / المرجع السابق / ص (١٠٨)٠
٧١- محمد الغزالي / سر تأخر العرب والمسلمين / مرجع سابق / ص(٤٢-٤٣)٠
٧٢- محمد الغزالي / من هنا نعلم / دار الكتب للطباعة والنشر والتوزيع / الجزائر / ١٩٨٨ م / ص(١٤٨)٠
٧٣- محمد الغزالي / حصاد الغرور/ مرجع سابق / ص (١٩٣)٠
٧٤- محمد الغزالي / سر تأخر العرب والمسلمين / مرجع سابق / ص(٤٤)٠
٧٥- محمد الغزالي / حصاد الغرور / مرجع سابق / ص (١٩٣-١٩٤)٠
٧٦- محمد الغزالي / سّر تأخر العرب والمسلمين / مرجع سابق / ص(٤٣)
٧٧- محمد الغزالي / من هنا نعلم / مرجع سابق / ص (١٤٨)٠
٧٨- محمد الغزالي / صيحة تحذير من دعاة التنصير / دار الصحوة للطباعة والنشر والتوزيع / القاهرة / ط(١) ١٤١٢هـ ١٩٩٩م / ص (١٨)٠
٧٩- محمد الغزالي / السنة النبوية بين أهل الفقه وأهل الحديث /مرجع ساب / ص (٣٣)٠

٨٠- محمد الغزالي / هموم داعية / مرجع سابق / ص (١٤٨)٠
٨١- سورة النساء : آية {٣٥}٠
٨٢- محمد الغزالي / السنة النبوية بين أهل الفقه وأهل الحديث / مرجع سابق / ص (٤٦)٠
٨٣- محمد الغزالي / سرّ تأخر العرب والمسلمين / مرجع سابق / ص(٤٩)٠
٨٤- محمد الغزالي / الطريق من هنا / مرجع سابق / ص (٨٤)٠
٨٥- محمد الغزالي / هموم داعية / مرجع سابق / ص (١٤٧-١٤٨)٠
٨٦- سورة البقرة : آية {٢٤١}٠
٨٧- محمد الغزالي / السنة النبوية بين أهل الفقه وأهل الحديث / مرجع سابق / ص (٤٦)٠
٨٨- محمد الغزالي / السنة النبوية بين أهل الفقه وأهل الحديث /مرجع السابق / ص (٤٦)٠
٨٩- محمد الغزالي / السنة النبوية بين أهل الفقه وأهل الحديث / مرجع سابق / ص (٥٤)٠
٩٠- محمد الغزالي / السنة النبوية بين أهل الفقه وأهل الحديث / مرجع سابق / ص (٥٥)٠
٩١- محمد الغزالي / سرّ تأخر العرب والمسلمين / مرجع سابق / ص(٤٢)٠
٩٢- محمد الغزالي / مستقبل الإسلام خارج أرضه كيف نفكر فيه ؟ / مرجع سابق / ص (٦٦-٦٧)٠
٩٣- محمد الغزالي / دستور الوحدة الثقافية بين المسلمين / مرجع سابق / ص (١٦٣)٠
٩٤- محمد الغزالي / مشكلات في طريق الحياة الإسلامية / مرجع سابق / ص(١٠٣)٠
٩٥- محمد الغزالي / قضايا المرأة بين التقاليد الراكدة والوافدة / دار الشروق / القاهرة - بيروت /ط(٣) محرم ١٤١٢هـ يوليو ١٩٩١ / ص(١٦)٠
٩٦- محمد الغزالي / الدعوة الإسلامية تستقبل قرنها الخامس عشر/مرجع سابق / ص (٧٣)٠
٩٧- محمد الغزالي/مستقبل الإسلام خارج أرضه كيف نفكر فيه؟/مرجع سابق / ص (٦٧)٠
٩٨- محمد الغزالي / سرّ تأخر العرب والمسلمين / مرجع سابق / ص(٤٢)٠
٩٩- محمد الغزالي / حصاد الغرور / مرجع سابق / ص (١٩٣-١٩٤)٠
١٠٠- محمد الغزالي / قضايا المرأة بين التقاليد الراكدة والوافدة / مرجع سابق / ص (٦١)٠
١٠١- محمد الغزالي / سرّ تأخر العرب والمسلمين / مرجع سابق / ص(٤٤)٠
١٠٢- محمد الغزالي / حصاد الغرور / مرجع سابق / ص (١٩٤)٠
١٠٣- محمد الغزالي / الدعوة الإسلامية تستقبل قرنها الخامس عشر /مرجع سابق / ص (٧٣-٧٤)٠
١٠٤- محمد الغزالي / قضايا المرأة بين التقاليد الراكدة والوافدة / مرجع سابق / ص (١٦)٠
١٠٥- محمد الغزالي / حصاد الغرور / مرجع سابق / ص (١٩٣-١٩٤)٠
١٠٦- محمد الغزالي / سرّ تأخر العرب والمسلمين / مرجع سابق / ص(٤٢-٤٣)٠
١٠٧- محمد الغزالي / مشكلات في طريق الحياة الإسلامية / مرجع سابق / ص(١٠٣)٠
١٠٨- محمد الغزالي / قضايا المرأة بين التقاليد الراكدة والوافدة / مرجع سابق / ص (٣٣)٠
١٠٩- محمد الغزالي / سرّ تأخر العرب والمسلمين / مرجع سابق / ص(٤٢)٠
١١٠- محمد الغزالي / الغزو الثقافي يمتد في فراغنا / مرجع سابق / ص(٦٥)٠
١١١- محمد الغزالي / قضايا المرأة بين التقاليد الراكدة والوافدة / مرجع سابق / ص (٩٩)٠

١١٢- محمد الغزالي / صيحة تحذير من دعاة التنصير / مرجع سابق / ص(١٢٩-١٣٠)٠

١١٣- محمد الغزالي / قضايا المرأة بين التقاليد الراكدة والوافدة / مرجع سابق / ص (٣٣)٠

١١٤- محمد الغزالي / قضايا المرأة بين التقاليد الراكدة والوافدة / مرجع سابق / ص (٦٩)٠

١١٥- سورة النساء : آية { ٣٤}٠

١١٦- محمد الغزالي / السنة النبوية بين أهل الفقه وأهل الحديث / مرجع سابق / ص (٤٧)٠

١١٧- محمد الغزالي / السنة النبوية بين أهل الفقه وأهل الحديث / مرجع سابق / ص (٥٨)٠

١١٨- محمد الغزالي / السنة النبوية بين أهل الفقه وأهل الحديث / مرجع سابق / ص (١٩)٠

١١٩- محمد الغزالي / الحق المر / مرجع سابق / ص (٦٠)، ونص الحديث الذي يروج له لتحقيق هذا الهدف ما روي عن أنس ٠٠٠" ان امرأة كانت تحت رجل ، فمرض أبوها فأتت النبي (ص) فقالت يا رسول الله إن أبي مريض ، وزوجي يأبى أن يأذن لي أن أمرضه ، فقال لها النبي (ص) : أطيعي زوجك ، فمات أبوها ، فاستأذنت زوجها أن تصلي عليه ، فأبى زوجها أن يأذن لها بالصلاة عليه ، فسألت النبي (ص) فقال لها : أطيعي زوجك ، فأطاعت زوجها ولم تصلي على أبيها ٠٠٠٠فقال النبي (ص) قد غفر الله لأبيك بطواعيتك لزوجك ٠٠" ويعلق الغزالي على الحديث :" ٠٠ والحديث المذكور لا يعرفه رواة الصحاح ، وهو يقطع ما أمر الله به أن يوصل ، ويرخص الوفاء بحق الوالدين ، وهدفه ألا تخرج المرأة من البيت أبدا ،وهو هدف ينكره الإسلام ، وفي الحديث الصحيح : " إن الله قد أذن لكن أن تخرجن في حوائجكن ٠٠" انظر السنة النبوية بين أهل الفقه وأهل الحديث / مرجع سابق / ص (٤٣)٠

١٢٠- محمد الغزالي / قذائف الحق / دار القلم للطباعة والنشر والتوزيع / دمشق / طبعة دار القلم الاولى / ١٤١١هـ ١٩٩١م / ص(١٩٢- ١٩٣)٠

١٢١- محمد الغزالي / الإسلام في وجه الزحف الاحمر / دار الريان للتراث / القاهرة / ط(٩) ١٤٠٧-١٩٨٧/ ص(١٥٢)٠

١٢٢- محمد الغزالي/الإسلام المفترى عليه بين الشيوعيين والرأسماليين/مرجع سابق/ص(١٢٩)٠

١٢٣- محمد الغزالي/ مستقبل الإسلام خارج أرضه كيف نفكر فيه ؟/مرجع سابق/ص (٩٧)٠

١٢٤- محمد الغزالي/الإسلام المفترى عليه بين الشيوعيين والرأسماليين/مرجع سابق/ص(١٢٩)٠

١٢٥- محمد الغزالي / الإسلام والمناهج الاشتراكية / دار الكتب الحديثة / القاهرة / ط(٢) / ص (١٢١)٠

١٢٦- محمد الغزالي / الحق المر / مرجع سابق / ص (٢١-٢٢)٠

١٢٧- محمد الغزالي / من هنا نعلم / مرجع سابق / ص (٢٠٠)٠

١٢٨- محمد الغزالي / علل وأدوية / مرجع سابق / ص (١١٠)٠

١٢٩- محمد الغزالي / الحق المر / مرجع سابق / ص (٢١-٢٢) وانظر من هنا نعلم / مرجع سابق / ص (٢٠٠)٠

١٣٠- محمد الغزالي / السنة النبوية بين أهل الفقه وأهل الحديث /مرجع سابق / ص (١١٣)٠

١٣١- محمد الغزالي / دستور الوحدة الثقافية بين المسلمين / مرجع سابق / ص (١٨٩)٠

١٣٢- محمد الغزالي / مشكلات في طريق الحياة الإسلامية / مرجع سابق / ص (٢٢)٠

١٣٣- محمد الغزالي / مشكلات في طريق الحياة الإسلامية / مرجع سابق / ص (٢٢)٠٠
١٣٤- سورة الكهف : آية {٤٦} ٠
١٣٥- محمد الغزالي / الحق المر / مرجع سابق / ص (٥٨)٠
١٣٦- محمد الغزالي / علل وأدوية / مرجع سابق / ص (٢٥)٠
١٣٧- محمد الغزالي / الغزو الثقافي يمتد في فراغنا / مرجع سابق / ص(٤٩-٥٠)٠
١٣٨- محمد الغزالي / الدعوة لإسلامية تستقبل قرنها الخامس عشر / مرجع سابق / ص (٦٧)
١٣٩- سورة التوبة : آية {٥٥}
١٤٠- نسبة أحاديث كثيرة في هذا المجال للرسول (ص) نذكر منها :" ٠٠ أنه أتي - للنبي - برجل يصلي عليه صلاة جنازة ، فقال (ص) :" كم ترك ؟ قالوا دينارين أو ثلاثة ، قال : ترك كيتين أو ثلاث كيّات ، فذهب البعض إلى أن من ترك دينارا كواه الـلـه به ، فلا يجوز ادخار شيء ٠٠!! ويعقب الغزالي على ذلك بقوله ٠٠ وهذا تعميم خطير ينم عن فهم مغرض أو جاهل ، حيث أن الراوي ذكر أن الحديث قيل في رجل كان يسأل الناس تكثرا ، أي أنه متسول محترف ٠٠!! " انظر محمد الغزالي / الغزو الثقافي يمتد في فراغنا / مرجع سابق / ص (١٣٠)٠
١٤١- محمد الغزالي / الطريق من هنا / مرجع سابق / ص (٦١)٠
١٤٢- محمد الغزالي / علل وأدوية/ مرجع سابق / ص (٢٤٧)٠
١٤٣- محمد الغزالي / السنة النبوية بين أهل الفقه وأهل الحديث / مرجع سابق / ص (١١٣-١١٤)٠
١٤٤- محمد الغزالي / هموم داعية / مرجع سابق / ص (٤٩)٠
١٤٥- محمد الغزالي / دستور الوحدة الثقافية بين المسلمين / مرجع سابق / ص (٢٢)٠
١٤٦- محمد الغزالي / الإسلام المفترى عليه ٠٠ / مرجع سابق / ص(٤٣-٤٤)٠
١٤٧- سورة البقرة : آية {٢٥٤} ٠
١٤٨- سورة البقرة :آية {٣}٠
١٤٩- سورة البقرة : آية { ٢٧٧}٠
١٥٠- محمد الغزالي / السنة النبوية بين أهل الفقه وأهل الحديث / مرجع سابق / ص (٢٥)٠
١٥١- محمد الغزالي / مشكلات في طريق الحياة الإسلامية / مرجع سابق / ص (١٣٨)٠
١٥٢- محمد الغزالي / سرّ تأخر العرب والمسلمين / مرجع سابق / ص(١٨٠)٠
١٥٣- محمد الغزالي / الغزو الثقافي يمتد في فراغنا / مرجع سابق / ص(١٤١)٠
١٥٤- محمد الغزالي/مستقبل الإسلام خارج أرضه كيف نفكر فيه ؟/مرجع سابق/ص (٧٧)٠
١٥٥- محمد الغزالي / السنة النبوية بين أهل الفقه وأهل الحديث / مرجع سابق / ص (٩)٠
١٥٦- محمد الغزالي/الدعوة الإسلامية تستقبل قرنها الخامس عشر /مرجع سابق / ص (٨٠)٠
١٥٧- محمد الغزالي / علل وأدوية / مرجع سابق / ص (٢٣٩-٢٤٠)٠
١٥٨- محمد الغزالي / الدعوة الإسلامية تستقبل قرنها الخامس عشر/مرجع سابق/ص (٨١)٠
١٥٩- محمد الغزالي / دستور الوحدة الثقافية بين المسلمين / مرجع سابق / ص (١٦٩)٠
١٦٠- محمد الغزالي / سرّ تأخر العرب والمسلمين / مرجع سابق / ص(٣٨)٠

١٦١- محمد الغزالي / مشكلات في طريق الحياة الإسلامية /مرجع سابق/ ص(١٤٢-١٤٣)٠

١٦٢- محمد الغزالي / الغزو الثقافي يمتد في فراغنا / مرجع سابق / ص(١٠١-١٠٤)٠

١٦٣- سورة آل عمران : آية {٥٩} ٠

١٦٤- محمد الغزالي / دستور الوحدة الثقافية بين المسلمين / مرجع سابق/ ص (٢٢) ٠

١٦٥- محمد الغزالي/مستقبل الإسلام خارج أرضه كيف نفكر فيه ؟/مرجع سابق/ص (٦٥)٠

١٦٦- محمد الغزالي / الغزو الثقافي يمتد في فراغنا / مرجع سابق / ص(٣٨)٠

١٦٧- محمد الغزالي / دستور الوحدة الثقافية بين المسلمين/مرجع سابق / ص (١٦٩-١٧٠)٠

١٦٨- محمد الغزالي / هموم داعية / مرجع سابق / ص (١٤٢-١٤٣)٠

القسم الخامس

أسباب تشوه الثقافة في المجتمع العربي المعاصر ٠

الفصل الاول - أسباب بيئيّة

أولا:- البطالة ٠٠ والجهل ٠

يعتقد الغزالي أن الفراغ الذي انتشر في المجتمعات العربية والاسلامية ، عقب قعودها عن نشر الإسلام في الأرض ، وتعليم الناس مبادئ الدين الجديد ، أوجد مجالس كلامية كثيرة ، كان أهمها الاشتغال بالأمور الغيبية والقضايا الفلسفية ٠٠!

وبما أن هذه المجالس كانت تضم الجهال والمتقعّرين ، والباطلين ، فإنها سرعان ما أفرزت مذاهب فكرية شاذة ، وزرعت بذورا ثقافية مشوهة ، تطوّرت فيما بعد إلى فرق ومدارس منحرفة ، كالخوارج والمرجئة وغيرهم ٠٠!

والغزالي يرى على سبيل المثال أن الخوارج حين كفّروا العصاة كانوا جهلة بطباع البشر ، وعجزة عن فهم الأسباب الدخيلة والأصيلة في الإنحراف عن الطريق القويم ، والمرجئة حين هوّنوا قيم الصالحات ، ومقارفة السيئات ، كانوا جهلة بحق الـله، وما أوجب على عباده (١٦٩)

وهكذا فهو يعتقد أن الفراغ والبطالة التي أوجدها القعود عن الإشتغال بنشر الإسلام ، والدفاع عن حدوده (١٧٠) ، كان سببا في تشويه الثقافة الإسلامية عبر مراحل تاريخية طويلة ٠

ثانيا :- الوضع في السُّنَّة

يرى الغزالي أنّه انتشر على مدار القرون السالفة أحاديث كثيرة ، كان لها آثار كبيرة في إفساد تصورات المسلمين وتشويه معالم الثقافة الإسلامية ٠

وهو يعتقد أنّ هذه الأفكار المنحرفة التي تسللت إلى العقلية العربية والإسلامية ، متخفية في زي الأحاديث النبوية ، كانت قيودا منعت الأمة من الحركة ، وسموما شلّت نشاطها النفسي والفكري ، وفي أحسن الأحوال عملت على تصريفه في أمور عديمة الجدوى !

وهو يرى أنّ هذه الأحاديث ، بعضها موضوع وبعضها ضعيف ، وبعضها صحيح حرّفته عن موضوعه العقول القاصرة والأفهام الكليلة ، فأصبح ضرره أكبر من نفعه (١٧١)٠

والغزالي يحمّل العرب والمسلمين مسئولية رواج المرويات الضعيفة والموضوعة ، بأن أفسحوا لها في تقاليدهم وأخلاقهم وعباداتهم وآفاق حياتهم(١٧٢)!!

ثالثا :- اختلاط العادات والتقاليد٠٠ بالمبادئ والتعاليم الإسلامية

ان من أسباب تشوه الثقافة الإسلامية - في نظر الغزالي - طغيان كثير من العادات والتقاليد والمواريث الفكرية ، المناقضة في كثير من الأحيان للتوجهات الإسلامية في الحياة ، على الثقافة الإسلامية الأصيلة ، ممّا كان سببا في تشويه معالمها وطمس حقائقها ، وتعطيل دورها في المجتمع ٠٠٠

وهو ينتقد أعدادا كبيرة من الدعاة والعلماء الذين ما زالوا يدافعون بإلحاح وإصرار ، عن الأخطاء والتشوهات الملتصقة بالثقافة الإسلامية ، على أنها جزء لا يتجزأ من هذه الثقافة ، وما ذلك إلاّ لكونهم توارثوا هذه العادات والتقاليد عن آبائهم و أجدادهم ، في البيئات التي عاشوا فيها !!

وهؤلاء في تقديره هم حراس للخطأ(١٧٣) ، يدافعون عنه كما يدافعون عن تعاليم الوحي٠

وهو يضرب أمثلة على طغيان بعض العادات والمفاهيم الخاطئة ، على توجيهات الثقافة الإسلامية ، ويشير في أكثر من موضع إلى تغلّب طبائع البدو على تعاليم الإسلام ، فالبدو يكرهون الحرف ويزدرون الصنّاع ، وينظرون إلى الفلاحين نظرة نابية ، رغم أنهم يأكلون من كدّ أيديهم ٠

وقد كانوا قديما يشترون السيوف من الهند وما جاورها ، ليستعينوا بها على الغزو والسطو ، ولا يكلفون أنفسهم عناء صناعتها ، ولا يزال أعداد من الأعراب يرون الحدادة والنجارة مهانة ، ويأبون بشمم أن يقوم أحدهم من تحت سيارة يصلحها ، أو جرّار يكشف سبب عطله

وهو يرى ان لهذه العادات والتقاليد البدوية ، آثارا ملحوظة في دنيا العرب إلى (١٧٤) يوم الناس هذا !!

رابعا:- الاستهانة بالعلوم الشرعية ٠

تعدّ العلوم الشرعية من الناحية العملية ، العمود الفقري لمجموعة المعارف الإنسانية في المجتمع العربي والإسلامي ، والمحافظة على اتزان الثقافة الإسلامية تقتضي الاهتمام بهذه العلوم من نواحي عدة ، وعلى رأسها نوعية الأشخاص المرشحين للتخصص فيها ، والقيام عليها ، الا أن الشعوب العربية والإسلامية درجت منذ قرون طويلة على دفع الأشخاص العجزة ، او غير المؤهلين للنجاح في قطاعات عديدة من الحياة ، لدراسة هذه العلوم ، والاضطلاع بهذه المسئولية ، ولا شك أن الذي يُختار على ذلك الأساس ، سيبرع في ضيق الأفق ، ورداءة النظر ، ومرض القلب (١٧٥) ، وسذاجة المنهج ، أكثر مما يبرع في فهم الإسلام ، وخدمة ثقافته !!

وقد كانت نتيجة تعاقب أجيال من هؤلاء السذج المشتغلين بصلب العلوم الشرعية ، أن تشوهت الثقافة الإسلامية من داخلها وبأيدي أبنائها وحملتها ، فسارع ذلك في سقوط الأمة بأسرها على الصعيد العالمي هذا السقوط المريع(١٧٦)، الذي نرى ونلمس آثاره في كل منحى من مناحي الحياة !

خامسا :- النظرة الخاطئة للحياة ٠

من أسباب تشوه الثقافة الإسلامية ، الفهم الخاطئ لمسئولية الإنسان في الحياة ، حيث يُبيِّن الغزالي، أن الله سبحانه وتعالى لحكمة لا نعلمها خلقنا وكلّفنا ، وقال في وضوح :- { خلق الموت والحياة ليبلوكم أيكم أحسن عملا ، وهو العزيز الغفور ٠٠} (١٧٧) ، فجاء من يزعم أن الحياة رواية تمثيلية خادعة ، وأن التكاليف أكذوبة ، وأن الناس مسوقون إلى مصايرهم المعروفة أزلا ، طوعا أو كرها ، وأن المرسلين لم يبعثوا لقطع أعذار الجهل بالتكليف ، بل هم خدعة تتم بها فصول الرواية أو صفحات المأساة ٠

والغريب كما يقول الغزالي أن جمهورا كبيرا من المسلمين يجنح إلى هذه

الفرية ، بل هو يعتقد أن عامة المسلمين يطوون تفكيرهم على ما يشبه عقيد الجبر ، ويؤكد أن بعض المرويات أسهمت في تكوين هذه التصورات والتمكين لها ، وكانت في التالي سببا في افساد الفكر العربي والإسلامي ، وتشوه الثقافة الإسلامية ، وانهيار الحضارة والمجتمع (١٧٨)٠

الفصل الثاني - أسباب فكرية

أولا :- انتشار الفكر الصوفي ٠

ثانيا :- محاولة فهم المبادئ الإسلامية بمعزل عن الحياة٠

ثالثا :- عدم الوقوف في تقصّي المسائل الغيبية عند الحد الذي رسمه الإسلام ٠

رابعا :- الحجر على التفكير في القضايا المستجدة (غلق باب الاجتهاد)٠

خامسا :- عدم التعامل مع مصادر المعرفة الإسلامية حسب أهميتها ٠

أولا :- انتشار التفكير الصوفي ٠

يرى الغزالي أن شيوع التصوف وانتشار الحركات الصوفية ، كان له على مدار التاريخ العربي والإسلامي دور كبير في تشويه الثقافة الإسلامية (١٧٩) ، حيث يرى أن الصوفية شرعوا من الدين ما لم يأذن به اللـه ، وزادوا فيه ما ليس منه (١٨٠) ، والتصوف الإسلامي كما يرى الغزالي تأثر بالتصوف الهندي والتصوف النصراني ، وبعض الأفكار الاغريقية ، وقد تجلّى انحراف التصور الصوفي ، في النظرة المنحرفة للحياة ، والتي تقوم على ذم الدنيا ، بحجة الاقبال على الآخرة ، ومحاربة الجسد ، بحجة الاقبال على الروح ، واعتناق مبادئ من وحدة الوجود ، بحجة الاستغراق في وحدة الشهود (١٨١) ٠٠٠!

وقد أشاعوا في اوساط التفكير العربي والإسلامي ، تصورات خطيرة ، تقوم على محق الارادة البشرية ، وجعل الإنسان مشدودا بخيوط إلَهيَّة ، إلى مصيره المجهول أو المعلوم ، وكذلك فعلوا في تفسير الأحاديث والنصوص المتصلة بالقدر ، وجعلوا الإنسان مسلوب الارادة (١٨٢) ، معدوم المسئولية٠

ثانيا :- محاولة فهم المبادئ الإسلامية بمعزل عن الحياة ٠

يعتقد الغزالي أن محاولات فهم العرب والمسلمين لمبادئ الإسلام ، وتعاليم القرآن ، بمعزل عن الحياة المتحركة ، والكون الواسع ، كانت سببا مهما في الحاق تشوهات معتبرة بالثقافة الإسلامية ٠

وهو يقر بعجز المسلمين في القرون الأخيرة ، عن فهم طبيعة الحياة ، وسبل

النجاح فيها (١٨٣) ، ويؤكد أن كل قصور في العلوم المدنية ، لا يزيد دارسي الدين الا خبالا ، وأن الإسلام دين لا ترسخ قواعده ، ولا تنضج معارفه ، الا في جوٍّ علمي واسع الآفاق ، ويستغرب كيف يمكن أن يفهم عظمة القرآن الكريم ، رجل لم يدرس علوم الأرض والسماء وما بينهما (١٨٤)٠٠!!

وقد أفرزت محاولات الذين أرادوا فهم الإسلام في اطار من تجاهلات الحياة ، تشوهات مريرة في نواحي عديدة من الثقافة الإسلامية ، لا زالت آثارها عالقة إلى يومنا هذا في كثير من تصوّرات وسلوكيات العرب والمسلمين ٠

ثالثا:- عدم الوقوف في تقصّي المسائل الغيبية عند الحد الذي رسمه الإسلام ٠

يعتقد الغزالي أن المسلمين لم يقفوا عند الحد الذي وضعه الإسلام في التعامل مع الغيبيات ، التي لا سبيل إلى بلوغ كنهها ، أو ادراك حقيقتها ، حيث بددوا كثيرا من الطاقات والأوقات ، في البحث في عوالم الجن والملائكة ٠٠٠والجنة والنار ٠٠٠ وكلها مسائل يستحيل على العقل الإنساني أن يصل فيها إلى حقيقة قاطعة ، عن طريق التفكير أو البحث أو الاختبار ٠٠٠ وقد اختلت الثقافة الإسلامية نتيجة انشغال العقل العربي والإسلامي بهذه القضايا ، وتضخمت بعض أجزائها تضخما مزيفا ، وطغت الأوهام في بعض جوانبها على حقائق الإسلام (١٨٥) ، ولا شك أن اشتغال العرب والمسلمين بما وراء المادة ، وفق المفهوم المزيف أدى إلى صرفهم عن التفكير بعالم المادة في حد ذاته ، وقد تبلورت آثار هذا المنهج ، في تخلف مناحي الحياة المجتمعية ، وتضخم الخيالات الغيبية التي أصبحت بمرور الأيام جزءا من الثقافة الإسلامية ٠٠٠

رابعا :- الحجر على التفكير في القضايا المستجدة (غلق باب الاجتهاد)٠

ان غلق باب الاجتهاد ، أربك الأمة إرباكا شديدا ، وقد كان الاجتهاد بغلق باب الاجتهاد في البداية ، نتيجة للتفكير العربي والإسلامي المشوه ، الا أنه بعد الغلق الفعلي ، أصبح هذا الغلق يسهم بدور كبير في تشويه الثقافة العربية الإسلامية ٠٠٠

ويؤكد الغزالي على أن إغلاق باب الاجتهاد ، معناه إلغاء دور الفكر الإسلامي في مواجهة المشكلات المعاصرة ، وهذا يعني لونا من الانفصال بين الإسلام وبين المجتمع ، أو فصل الإسلام عن تطور الحياة المجتمعية بإرادة إسلامية (١٨٦) !!

وقد كان لهذا كله أثار خطيره ، على صفاء الثقافة الإسلامية ، وحركة التفكير العربي والاسلامي عموما ٠

خامسا :-عدم التعامل مع مصادر المعرفة الإسلامية حسب أهميتها ٠

يؤكد الغزالي على أن الوعي بمعاني القرآن وأهدافه ، يُعْطِي الاطار العام للثقافة العربية الإسلامية ، ويُبَيِّن الأهم فالمهم من التعاليم الواردة ، ويُعين على تثبيت السنن في مواضعها الصحيحة٠

والإنسان الموصول بالقرآن ، دقيق في نظرته إلى الكون ، خبير بازدهار الحضارات وانهيارها ، نَيِّر الذهن ، حاضر الحس ، مشدود إلى أركان الأخلاق (١٨٧) ٠

الا أن الذي حدث في واقع العرب والمسلمين ، أن جمهرة غفيرة من العلماء اشتغلوا بالحديث النبوي ، وقدموه من ناحية فهمهم لمبادئ الدين ، وفقههم لواقع الحياة ، على تعاليم القرآن ٠

وقد ترتب على اختطاف الأحكام من أحاديث عابرة (١٨٨) ، والاعراض عما ورد في الموضوع من آثار أخرى ، هي أولى بالاتباع ، تشوه كبير في جوانب الفقه ، واختلال ظاهر في أبجديات التفكير ٠

ومع مرور الايام ، تعمق الخطأ الذي يقوم على جعل السنة النبوية الأساس الأول في فهم الإسلام ، بأن استبعدت النصوص السنيّة الأصلية التي جُعِلَتْ أساسا لهذا الفهم ، لتحل محلها شروحات العلماء ، حيث أصبحت هذه الشروحات عند الاتباع ، هي الأصل الذي يُشرح ، والدين الذي يُتَّبَع (١٨٩)٠

وهكذا بدأت مفاهيم الثقافة الإسلامية تنحرف عن مسارها السليم ، وقد لحقها من جراء ذلك تشوهات كبيرة في مجالات عديدة ، ولا زالت هذه الأخطاء تتكرر في التفكير العربي والإسلامي ، وتتراكم على كاهل الثقافة الإسلامية ، إلى يوم الناس هذا ٠

الفصل الثالث - أسباب عامة

أولا :- الإستبداد السياسي ، والتعصب المذهبي ٠
ثانيا :- النمو المختل وغير المتوازن في جوانب الفقه الإسلامي ٠
المبحث الثالث :- غياب مؤسسات الرقبة الثقافية والتكوين الثقافي ٠

أولا :- الإستبداد السياسي ، والتعصب المذهبي ٠

يرى الغزالي أن الإستبداد السياسي والتعصب المذهبي ، كانا من أسباب التشوه التي عصفت بالثقافة الإسلامية ٠

وهو يرى أن الاستبداد السياسي الذي عاشته الامة العربية والإسلامية قديما ولا زالت تعيشه حديثا ، أعان على تشويه الثقافة الإسلامية بطرق ثلاث :-

أولا :- عن طريق مناصرة التفكير المنحرف وفرضه مباشرة على قناعات الناس ، ويضرب أمثلة على ذلك بتحرك الخلافة العباسية لنصرة الانحرافات الفكرية للمعتزلة في بعض القضايا الكلامية (١٩٠)(كفرض مسألة خلق القرآن على معتقدات الناس ٠٠)

ثانيا :- عن طريق إشاعة الخوف في أوساط العلماء مما دفع بهم إلى مجاملة الخطاء والظلم خوفا من العقاب ، وقد كثرت هذه المجاملات في كثير من القضايا الخطيرة والبسيطة ، وعلى مراحل طويلة من التاريخ العربي والإسلامي ، وقد أصابت الثقافة الإسلامية بعطب كبير (١٩١) ٠

ثالثا:- عن طريق مطاردة الدعاة الصادقين من العلماء الاصلاء ، والفقهاء الحكماء ، للقضاء عليهم ، أو تهميشهم ، أو محاصرة جهودهم!

وتُرِك المجال للبوم والغربان من الأمِيِّين والجهلة والسطحيين ، يتصدّون للتثقيف ، ويتحدثون باسم الإسلام(١٩٢)

وكما كان للاستبداد السياسي دور في تشويه الثقافة الإسلامية ، فأن الغزالي يرى أن هناك استبداد آخر كان له عبر مراحل التاريخ العربي والاسلامي الطويل ، دور كبير في تشويه الثقافة وانحراف التفكير ، وهو الإستبداد الفكري ، أو التعصب المذهبي ٠٠

حيث انتشرت في التاريخ العربي والاسلامي مذاهب فكرية مختلفة ، وتكونت فرق دينية متعددة ، يقوم كل منها على التعصب لما تجود به أهواء وقرائح القائمين على هذه الفرق والمذاهب ، كائنا ما كان ، (١٩٣) وبعيدا عن معايير التقييم العلمي الصحيح !

وقد نجم عن هذا التعصب ، اختلاط الحقائق بالاوهام ، وطغيان خرافات البشر على تعاليم الإسلام ، وَحُشِيَتْ الثقافة الإسلامية بتراب الافكار البشرية ٠٠!!

ثانيا :- النمو المختل وغير المتوازن في جوانب الفقه الإسلامي ٠

يعتقد الغزالي ان من اسباب تشوه الثقافة الإسلامية ، النمو المختل في جوانب الفقه الإسلامي ٠

فهو يرى ان نمو الفقه الدستوري ، والدولي عبر مراحل طويلة من تاريخ العرب والمسلمين ، كان صفرا ، ومعلوم ان هذا الجانب من الفقه يعالج في الأساس قسما واسعا من حاجات الأمة ، وتكمن خطورته في انه يهتم بشؤون الحكم والنظام السياسي للدولة ، وكذلك ينظم علاقة الدولة الإسلامية بغيرها من الدول الأخرى ٠٠٠

أما فقه المعاملات الذي ينظّم أسس وأشكال العلاقات العامة والخاصة بين أفراد وجماعات المجتمع العربي والاسلامي ، فانه مجمد منذ فترات طويلة ٠

أما الفكر التربوي الذي يهتم بالأفراد والجماعات ، ويهيئ الأمة لمستقبل أفضل ، فتحكمه الفوضى والاضطراب ٠

والغزالي يرى أن فقه العبادات وحده ، هو الذي كان ينمو ويتحرك ، الا أنه ينتقد هذا النمو المختل لكثرة ما فيه من خلافات وتناقضات وانشغال بالتوافه (١٩٤)، مما يجعل نموه على هذه الصورة ، عيبا لا يقل عن الجمود في الجوانب السابقة ٠٠!!

وشيء آخر يعتبره الغزالي من الأسباب المساهمة في تشويه الثقافة الإسلامية - ويمكن اعتباره في نفس الوقت انعكاسا للنمو المختل في مجالات التفكير العربي والاسلامي- وهو القراءات غير المتوازنة ، أو الإيغال في دراسة ما ، دون قاعدة مشتركة من علوم أخرى (١٩٥) ، حيث يرى أن هذا المنهج قد أوجد فكرا مشوشا ، يضخم الصغير ، ويصغر الكبير ، ويقدم المتأخر ، ويؤخر المتقدم ٠٠٠!!

ثالثا:- غياب مؤسسات الرقابة الثقافية والتكوين الثقافي٠

يعتقد الغزالي أن من أسباب تشوه الثقافة الإسلامية ، غياب مؤسسات الرقابة على حركة الثقافة ، وضمور المؤسسات المختصة في التكوين الثقافي ٠

أما بخصوص الرقابة ، فهو ينتقد عدم وجود أجهزة مسئولة عن رصد حركة الثقافة في داخل المجتمع العربي وخارجه (١٩٦) ، لمعرفة الغث من السمين ، والتمييز بين النمو الثقافي الصحيح والتضخم الثقافي المزيف ، وقد كان لهذا الغياب أثر بالغ في تشوه الثقافة الإسلامية قديما وحديثا ٠

أما بخصوص المؤسسات المختصة في التكوين الثقافي ، فهي اضافة إلى كونها قليلة العدد ، فإن هذا العدد القليل منها ، لم يستطع أن يحافظ على أداء دوره كما يجب في نشر الثقافة السليمة ، ومحاربة التشوهات الثقافية الدخيلة والمبتدعة (١٩٧) ، وبناء الإنسان المسلم المثقف والمحصن ضد آفات الغزو الثقافي٠

ولا شك أن ضمور هذه المؤسسات وضياع رسالتها أدى إلى غياب الراعي الحقيقي لتزويد الثقافة الإسلامية بأسباب صفائها ونقائها وحيويتها ، مما جعلها في النهاية ضحية لهذا الضمور ، أو بعبارة أخرى أصبح ضمور هذه المؤسسات سببا في تشويه الثقافة الإسلامية ٠

الفصل الرابع :- أسباب خارجية

أولا :- حركة الترجمة الفوضوية ، وتسلل الثقافة اليونانية ٠

شجع العباسيون الترجمة ، وأخذوا ينقلون تراث اليونان والسريان والفرس وغيرهم إلى اللغة العربية ، وراجت سوق المنقولات الأجنبية ، بسبب الإغراءات المادية ، والمكافآت المعنوية ، حتى أنّ الغزالي يعتقد أنّ هذه الأجواء دفعت بالعديد من العرب إلى وضع تآليف من عند أنفسهم ، تقدّموا بها على أنها منقولات أجنبية ، ليحظوا بما كان يحظى به المترجمون (١٩٨)!!

والغزالي يرى أن المترجمات التي غزت الثقافة الإسلامية ، من هذا الباب الفوضوي ، وبهذا الدافع المادي ، كانت شرا كبيرا على هذه الثقافة ، وحقنة مسمومة في التراث الإسلامي النظيف ، ولولا ما في هذا التراث من أصالة ومنعة ، لذوى وانقضى ، كما تلاشت ديانات سابقة ، في دوامة التخريف البشري القديم (١٩٩)٠

ورغم ما في الثقافة الإسلامية من مناعة ، إلا أن الآثار الرديئة لهذا الغزو الذي

جلبه المسلمون بأيديهم ، بقيت في العديد من المؤلفات الدينية والفكرية ، ولعلّ أكثر العلوم التي انفعلت بالثقافات الدخيلة ، هما علم الكلام ، وعلم التصوف ، إلا أنّ الغزالي يرى أنه لا يصعب أن نميز الدخيل من الأصيل في هذ الميادين (٢٠٠) ٠

وقبل أن نختم الحديث في هذه المسألة ، لا بد من التأكيد على أنّ الغزالي ليس ضد حركة الترجمة على إطلاقها ، فهو كما يقول عن نفسه ، يرحب بنتائج العقل الإنساني الناضج ، ويقدّره حق قدره ، ولكنّه يرفض مزاحمة وحي السماء بتراب الأفكار الإنسانية ، لمجرد أنّها تحمل إسم فيلسوف مشهور أو أديب معروف وهو بهذا يقف ضد الترجمة الفوضوية لا ضد الترجمة الأمينة الهادفة ، كما أنّه يعارض التعامل مع المنقولات بقداسة واستسلام ، كأنّها وحي من السماء ، ويدعو إلى غربلتها ونقدها ، وهو أخيرا ضد التيار المحافظ في التاريخ العربي والاسلامي (٢٠١) ، الذي رفض كل ما تمّ نقله من التراث الإنساني القديم٠٠

ثانيا :- الترويج لثقافة المنتصر ٠

يرى الغزالي أنّ هناك كتّاب وكتب ، وصحافة ، وأجهزة إعلام منتشرة في العالم العربي والإسلامي ، تحاول بكل إمكانياتها ، أن ترسم صورة غير حقيقية للإسلام في مختلف مجالات الحياة ، (٢٠٢) العقيدية ، والسياسية ، والإقتصادية ، والإجتماعية ٠٠٠ إمّا بالزيادة أو النقصان أو التحريف والتبديل ٠٠ وكل ذلك في الحصيلة النهائية تشويه للثقافة الاسلامية ٠

وهذا الفريق يسير وفق مخططات مدروسة ، ويسعى إلى تحقيق أهداف مرسومة ، وهناك فريق آخر تخدر بفعل الهزيمة ، وأصبح تفكيره في قضايا الإسلام محكوما بإيحاءات الثقافة المنتصرة (٢٠٣) وهو لا يدري !!

والغزالي يرى أنّ جهات داخلية وخارجية ، تقدم للفريقين الدعم اللازم لنشر تعاليمهم ، وترويج آرائهم (٢٠٤) ، وهو يعتقد أنّ جهودا كبيرة تبذل في أرجاء المجتمع العربي ، لخلق أجيال تقبل هذا الإسلام المشوّه في تعاليمه ومبادئه وشرائعه ، وهو لا يشك في أنّ الاستعمار العالمي يقف وراء هذه الجهود المنكورة ، فهو منذ أن احتلّ

البلاد الإسلامية حرص على تعطيل الأحكام الشرعية ، وطمس الثقافة الإسلامية وتسميم الكيان العربي والإسلامي كله ، ببطء وذكاء حتى يلقى حتفه بعد أمد غبر بعيد (٢٠٥) ٠

وهو أخيرا يؤكد على أنه لا يرمي بالتبعة على أعداء الإسلام في هذا المجال ، لأنّه يفترض في المسلم ألاّ ينتظر من عدوه أفضل من هذا ، وإلا فإنّ القانون لا يحمي المغفلين، وإنّما يلفت النظر إلى هؤلاء المسلمين الذين جعلوا من أنفسهم أداة في يد الإستعمار لتشويه الثقافة العربية الإسلامية (٢٠٦) ، والإبقاء على تخلف العرب والمسلمين ٠٠٠

ثالثا :- انتقال الخلافة الإسلامية لغير العرب

يعتقد الغزالي أنّ انتقال الخلافة الإسلامية والسيطرة السياسية العسكرية على مقاليد الحكم ، من أطراف غير عربية ، كان سببا في تشوّه الثقافة الإسلامية ، وتمييعها ٠٠٠ وهو لا يدعو بهذا إلى العصبية العربية ، وإنّما يعتقد أنّ هذه الأجناس المسلمة حكمت العالم العربي والإسلامي دون أن تتعرب ، ولعلّ الترك أشهرهم ، فالأتراك كما يرى الغزالي حققوا نجاحا كبيرا في الشؤون السياسية ، والفتوحات الإسلامية ، والقوة العسكرية ، إلا أنّهم مع نجاحهم في خدمة الإسلام في هذه المجالات (٢٠٧) ، رفضوا أن يتعربوا ، ولما كان الإسلام لا يمكن أن "يتترك" ، وقعت فجوة بين الحكم والأمة ، وبين الحكم ومصادر العقيدة والشريعة ، بقيت تزداد على مرّ الأيام ، إلى أن انتشر الجهل انتشارا مخزيا ، (٢٠٨) وأخذت الحضارة العربية والإسلامية تتراجع ٠

وبدأت الثقافة العربية تذبل ، وتتشوّه ، ولم يبق في المجتمع العربي سوى بعض المؤسسات التعليمية القادرة على التعليم والتثقيف ، (٢٠٩) في هذه الأجواء العاصفة ، وهي بالطبع أعجز من أن تقف في وجه سيل عارم من التشوهات الثقافية المستمرة ٠

هوامش الفصل الخامس

١٦٩- محمد الغزالي / دستور الوحدة الثقافية بين المسلمين/ مرجع سابق / ص (١١٠٠)٠

١٧٠- محمد الغزالي / مشكلات في طريق الحياة الإسلامية / مرجع سابق / ص (١٠٧)٠

١٧١- محمد الغزالي / الإسلام والطاقات المعطلة / مرجع سابق / ص(٧٠٠-٧١)٠

١٧٢- محمد الغزالي / مشكلات في طريق الحياة الإسلامية / مرجع سابق / ص(١٢٠)

١٧٣- محمد الغزالي / قضايا المرأة بين التقاليد الراكدة والوافدة / مرجع سابق / ص (١٨)٠

١٧٤- محمد الغزالي / سر تأخر العرب والمسلمين / مرجع سابق / ص(١١٤)٠

١٧٥- محمد الغزالي / قذائف الحق / مرجع سابق / ص (١٩٣)٠

١٧٦ - محمد الغزالي / قذائف الحق / مرجع سابق / ص (١٩٣)٠

١٧٧- سورة الملك : آية {٢}٠

١٧٨- محمد الغزالي / السنة النبوية ٠٠٠ / مرجع سابق / ص (١٤٤)٠

١٧٩- محمد الغزالي / الإسلام والطاقات المعطلة / مرجع سابق / ص(٢٨)٠

١٨٠- محمد الغزالي / الإسلام والمناهج الاشتراكية / مرجع سابق / ص(٢٥٨)٠

١٨١- محمد الغزالي /الدعوة الإسلامية تستقبل قرنها الخامس عشر / مرجع سابق / ص (٣٠٠)٠

١٨٢- محمد الغزالي/الدعوة الإسلامية تستقبل قرنها الخامس عشر / مرجع سابق / ص (٧٠٠)٠

١٨٣- محمد الغزالي / السنة النبوية ٠٠٠ / مرجع سابق / ص (٢٦)٠

١٨٤- محمد الغزالي / علل وأدوية / مرجع سابق / ص (٢٠٢-٢٠٣)٠

١٨٥- محمد الغزالي / دستور الوحدة الثقافية بين المسلمين/ مرجع سابق / ص(١١٠٠)٠

١٨٦- محمد الغزالي/مشكلات في طريق الحياة الإسلامية /مرجع سابق / ص(١٤٦-١٤٧)٠

١٨٧- محمد الغزالي / هموم داعية / مرجع سابق / ص (٢٩)٠

١٨٨- محمد الغزالي/ السنة النبوية بين أهل الفقه وأهل الحديث/مرجع سابق /ص (٢٤-٢٥)٠

١٨٩- محمد الغزالي / دستور الوحدة الثقافية بين المسلمين/ مرجع سابق / ص(٤٨)٠

١٩٠- محمد الغزالي/الدعوة الإسلامية تستقبل قرنها الخامس عشر /مرجع سابق/ص(٣٠-٣١)٠

١٩١- محمد الغزالي / مستقبل الإسلام خارج أرضه / مرجع سابق / ص (٦٤)٠

١٩٢- محمد الغزالي / هموم داعية / مرجع سابق / ص(١٥٨-١٥٩)٠

١٩٣- محمد الغزالي / هموم داعية / مرجع سابق / ص (٣٠)٠

١٩٤- محمد الغزالي / الدعوة الإسلامية تستقبل قرنها الخامس عشر/مرجع سابق/ص (١٣٥)٠

١٩٥- محمد الغزالي / سر تأخر العرب والمسلمين / مرجع سابق / ص(٧٣)٠

١٩٦- محمد الغزالي /الدعوة الإسلامية تستقبل قرنها الخامس عشر/مرجع سابق / ص (٨١)٠

١٩٧- محمد الغزالي / السنة النبوية ٠٠٠ / مرجع سابق / ص (١١)٠

١٩٨- محمد الغزالي / الدعوة الإسلامية تستقبل قرنها الخامس عشر/ مرجع سابق/ ص (٢٩)٠

١٩٩- محمد الغزالي / الإسلام والطاقات المعطلة / مرجع سابق / ص(٨٦)٠

٢٠٠- محمد الغزالي / الدعوة الإسلامية تستقبل قرنها الخامس عشر /مرجع سابق/ ص(٢٩)٠

٢٠١- محمد الغزالي/ الدعوة الإسلامية تستقبل قرنها الخامس عشر/ مرجع سابق / ص (٣٠٠)٠

٢٠٢- محمد الغزالي / الحق المر / مرجع سابق / ص (٣٨-٣٩)٠

٢٠٣- محمد الغزالي / صيحة تحذير ٠٠٠ / مرجع سابق / ص (١٤٨)٠

٢٠٤- محمد الغزالي / الحق المر / مرجع سابق / ص (٣٩)٠

٢٠٥- محمد الغزالي / دستور الوحدة الثقافية بين المسلمين / مرجع سابق / ص(٢٠)٠

٢٠٦- محمد الغزلي / هموم داعية / مرجع سابق / ص (١٣٧)٠

٢٠٧- محمد الغزالي / علل وأدوية / مرجع سابق / ص (١٩٦-١٩٧)٠

٢٠٨- محمد الغزالي /الدعوة الإسلامية تستقبل قرنها الخامس عشر /مرجع سابق / ص (٤٦)٠

٢٠٩ - محمد الغزالي / علل وأدوية / مرجع سابق / ص (١٩٦)٠

القسم السادس
المجتمع العربي ومعضلة الانتماء الحضاري

الفصل الأول :- معنى الانتماء في اللغة ، ومفهومه عند الغزالي

أولا :- معنى الانتماء في اللغة ٠

لفظ " الانتماء "في اللغة ، مشتق من مادة " نَمَى" شأنه في ذلك شأن كلمة " التنمية " التي سبق إثبات معناها في مقدمة الدراسة ٠

وفي القاموس المحيط " نَمَى " يَنْمَي نَمْيًا ونُمْياً ونَمَاءً ونَمْيَةً و نَمِيَّةً، أنمى ونَمَّى ٠٠٠ وانتمى إليه انتسب (١)

وجاء في لسان العرب :- " ٠٠٠ ونَمَيْتُه إلى أبيه نَمْياً ونُمِيًّاً ، وأَنْمَيْتُه عزوته ، ونسبته ، وانتمى هو إليه :- انتسب ، و فلان ينمي إلى حسب وينتمي :- يرتفع اليه، وفي الحديث :- من ادعى إلى غير أبيه ، أو انتمى إلى غير مواليه ، أي انتسب إليهم ومال وصار معروفا بهم ، وَنَمَوْتُ إليه الحديث فأنا أنموه وأنْمِيه ، وكذلك هو يُنمو إلى الحسب ويَنْمِي ، ويقال : انتمى فلان إلى فلان إذا ارتفع إليه في النسب ، ونماه جده ، إذا رفع إليه نسبه (٢)٠٠٠ "

وهكذا يتضح أن المعنى المباشر للانتماء هو الانتساب ، والذي ينتمي إلى حضارة ما ، أو ثقافة ما ، فهو في الحقيقة ينتسب إليها ، ويلتحق بها وعكس الانتماء ، هو الانسلاخ ٠٠٠

ثانيا :- مفهوم ضعف الانتماء الحضاري عند الغزالي ٠

يقيم الغزالي علاقة وثيقة بين قوة الانتماء الحضاري وضعفه وبين الالتزام الواعي بالدين وعدمه٠

فالضعيف في انتمائه الحضاري ، هو الزاهد في الانتماء لدينه ، غير المتحمس له ، ولا الحريص عليه ، الذي يهاب الأديان الأخرى ولا يهاب عقيدته ، يفضل الألسنة الأخرى ويستهين بلغته ، وهو الذي يكرم زعماء العالم قديما وحديثا ، ولا يكترث في المقابل برجالات الإسلام وعباقرته (٣)٠٠ وهو كما يراه في موضع آخر ، ضائع الشخصية لا يعرف له في الحياة هدفا مبدئيا يخدم به أمته ، ولا يسعى لنصرة فكرة يعلم أنها تخدم ثقافته ، ولا يسهم بكثير أو قليل يمكن أن يساعد في تجسيد

حضارته ، يسهل اقتياده من طرف الآخرين ، ويجمع بين المتناقضات في سلوكه ومعتقداته ، ونمط حياته ، ولا يرى نفسه مضطرا للتفريق بين أولويات معرفته وثقافته ، وهو غالبا ما يؤازر الثقافة المشوّهة ، والسياسة المنحرفة ، ولا يأبه بالتغيير ، لأنه في الحقيقة لا يمتلك نموذجا للتغيير (٤)

وهكذا يرى الغزالي أن ضعف الانتماء يكمن أساسا في فصل الإنسان عن دينه ودفعه لاستقبال الحياة فارغ القلب من العقيدة ، عاري السلوك من الأخلاق (٥) ٠

والغزالي يرى أن الانتماء الكامل القوي يجب أن يتجاوز مرحلة الشعور في النفس ، ويتعدى مستوى التفكير في العقل والقلب ، إلى واقع ملموس وحياة معاشة (٦) وهو لا يعتدّ البتة بالانتماء المجرد الذي يقوم أساسا على الادعاء اللفظي أو الخيال الوهمي ، ويعتقد أن انتماء الفرد أو الدولة ، إلى أية حضارة كانت ، لا يتحقق إلا بتشكيل الحياة كلها على أساس عقيدة وثقافة وقيم ولغة هذه الحضارة أو تلك ، وهو يضرب مثالا على ذلك بـ" اسرائيل" التي بنت كيانها وشيّدت مؤسساتها ، على أساس الدين اليهودي (٧) ، والثقافة اليهودية واللغة العبرية ٠

وهو يفرق في فهمه لمعنى الانتماء ، بين التعصب الديني الأعمى وبين الانتماء الحضاري ، ويعتقد أن التعصب الذي يقوم على الجهل ، لا يعد إنتماء حقيقيا ، وإنما قد يكون طريقا إلى الإنحراف والضلالة والاساءة إلى الدين والثقافة والحضارة(٨)

وعلى هذا فهو يرى أن ضعف الانتماء يمكن أن يأخذ شكلين ، الشكل الأول يتمثل في بعد الإنسان عن الدين والثقافة التي يفترض أن يكون منتميا إليهما سلوكا واعتقادا وهذا الشكل هو الذي يعطي ضعف الانتماء مفهومه المباشر ، والشكل الثاني هو الذي يتمثل في جهل الإنسان بحقيقة الانتماء وجوهره ، ومقتضياته ، وطريقة التعبير عنه ، فهو ينتمي في ظاهر سلوكياته إلى الدين والثقافة ، إلا أنه لجهله وضيق أفقه ، يسيء بممارسته للدين الذي ينتمي إليه ، والثقافة التي يعبر عنها ، و غالبا ما يكون سببا في تقطيع بقايا إنتماءات ضعيفي الانتماء ، وتنفيرهم من دينهم وثقافتهم(٩)٠

وقد عبّر الغزالي في أكثر من مناسبة وفي أكثر من كتاب عن قلقه من ضعف الانتماء الحضاري الذي انحدر إليه المسلمون في هذا العصر ، في معتقداتهم ، ومسلكياتهم ، وأنماط حياتهم ، وهو دائم المقارنة بين ضعف الانتماء وتراجعه بين العرب والمسلمين في هذا العصر ، وقوته وتناميه بين اليهود(١٠) الذين لا يتركون مناسبة أو موقفا يخصهم الا وعبروا من خلاله عن اشكال عديدة من الانتماء ٠٠!

الفصل الثاني :- أساس الانتماء الحضاري ودوره ٠

أولا :- أساس الانتماء٠

لا شك أن لكل شيء أساس ، والغزالي يرى أن أساس الانتماء الحضاري الإسلامي هو الإسلام ، وأن التدين هو مفتاح الشخصية العربية والإسلامية ، وأنّه إذا وجدت هذه الشخصية متنفسها العميق في الإسلام كعقيدة ، وسياجها المتين في الإسلام كنظام ، وإذا وجد الإسلام في هذه الأمة أفئدة تنتمي ليه وعقولا تواليه فذلك يعد في نظر الغزالي الخطوة الأهم على طريق (١١) النهوض والتقدم ٠٠

إلا أنّه يرى أن الواقع القائم يفتقد إلى هذا الأساس ، وأنّ التدين يكاد يكون سبّة أو نقيصة ، وأنّ الكثرة من المسلمين باتت تنظر إلى الإسلام بحذر ، وقلة هم من يجدوا الجراءة فيعلنوا ولاءهم له ، وهناك من يحمحم ولا يستطيع النطق ، وهناك من يلوذ بالصمت وهناك من يعلن البعاد(١٢)y٠٠ لهذا فهو يعتقد أن أساس الانتماء ضائع وغير واضح ٠٠

وسيبقى الإسلام وهو أساس الانتماء مغيبا ما لم يجسد في ميادين السياسة ، والإقتصاد ، والقانون ، والأخلاق ، والتربية ، والآداب ، والسلوك وما لم يكن الولاء له أساسا لا للتراب أو الدم أو الجنس(١٣) ، وغياب الإسلام عن هذه الميادين في الوقت الحاضر ، يفسر ضعف الانتماء الحضاري عند المسلمين ، ويؤكد على أنّ شعارات الولاء للإسلام لا تغني بأي شكل من الأشكال عن تجسيد الإسلام نفسه ، في مختلف مجالات الحياة ٠٠٠

ومعنى هذا أن أساس الانتماء وهو الإسلام مغيب من الحياة العامة ، حتى وهو موجود في بعض السلوكيات والشعارات والعبادات والتقاليد والعادات ٠٠

ثانيا :- دور الانتماء ٠

يعتقد الغزالي أن قضية الانتماء ، تعدّ من أخطر القضايا في حياة الشعوب والأمم (١٤) فقوة الانتماء للثقافة والحضارة ، تنعكس إيجابيا على البنى المجتمعية (١٥) ، فتظهر جلية في تكامل ومتانة النظم التربوية في جميع المراحل وعلى جميع المستويات ، كما تتجلى في قوة التماسك الإجتماعي ، والتكافل والتعاون بين كافة المستويات الإجتماعية ، كما وتنعكس إيجابيا على الإستقرار السياسي ، والإنسجام بين القادة والشعوب ، وحتى بين الأحزاب السياسية المتنافسة ، وذلك كله ينعكس حتما على الإزدهار الإقتصادي والرفاه الإجتماعي ٠

فقوة الانتماء كما يراها الغزالي يمكنها أن تصنع المعجزات في إنهاض الأمم وبناء الدول ، وتشييد الحضارات وهو دائما يضرب المثل بـ"إسرائيل " ، ويعتبر الولاء للدين اليهودي ، والانتماء للثقافة اليهودية ، من أهم الأسباب في نجاح وقيام الدولة اليهودية ، التي ما كان لها أن تنجح في الجمع بين الأخلاط الهائلة من الأجناس ، لولا الانتماء الفعّال لدين(١٦) واحد واحلام واحدة على الاقل ، وان كانوا في الحقيقة ينتمون لثقافات متعددة ٠

وانطلاقا من خطورة الدور الذي يلعبه الانتماء في حياة الشعوب والأمم ، فإن الغزالي يرى أن الولاء للإسلام مهدد ، وأن قوى معادية كثيرة تتآمر على إنتماء المسلمين وولائهم لدينهم ، وتعمل جادة على توهين هذه العلاقة وتمييعها ، بشتى الطرق والوسائل (١٧)

ولأهمية الموضوع وخطورته على حاضر العرب والمسلمين ومستقبلهم ، فإن الغزالي عالجه في أكثر من موضع ، وفضح أشكال التآمر في جلّ مؤلفاته ، وعمل على تفنيد مبررات التنصل من الانتماء الحضاري الإسلامي ، وحاول في المقابل أن يقوّي شعور الانتماء في الشخصية العربية الإسلامية (١٨) ، وهو الشعور الذي يعتقد أن تنميته تعد الخطوة الأولى الأساسية في مسيرة التنمية الشاملة٠

الفصل الثالث :- مظاهر وصور ضعف الانتماء الحضاري في المجتمع العربي المعاصر ٠

أولا:- محاولات إحياء وتقوية المشاعر القومية ٠

لقد ناقش الغزالي فكرة إحياء القوميات ، والشعوبيات في المنطقة الإسلامية ، في العديد من مؤلفاته وكتبه ، وهو يعتقد أنّ هذه المحاولات تعدّ من أخطر الأعمال التي من شأنها تحويل الانتماء لغير الإسلام ، وسلخ الشعوب العربية والإسلامية (١٩) عن دينها ٠

ورغم أن هذه الدعوات قديمة في منشئها ، ورغم أنها استطاعت أن تحافظ على بذور بقائها خلال المسيرة الإسلامية الطويلة ، إلا أنه هيئ لها في هذا العصر من الظروف ما لم يهيأ لها في العصور السالفة ، حيث ساعد الاستعمار الأوروبي والغزو الثقافي - المصاحب له - اللذان ألمّا بالمجتمع العربي في فترات ضعفه ، على توهين الانتماء للإسلام ، في نفوس العرب والمسلمين ، مما أعطى الفرصة للقائمين على الفكر القومي والشعوبي في المناطق العربية والإسلامية ، بالتحرك السريع لاتمام تحويل الانتماء من القومية الإسلامية (٢٠) إلى القوميات المحلية الضعيفة ٠

والغزالي كما يؤكد ليس ضد القوميات وما يرتبط بها مطلقا فهو في كتاباته ، لم يدعو أمة كي تهجر لغتها ، ولم يناد شعوبا كي تتناسى تاريخها وتطمس حضارتها ، ولم يقل بضرورة انسلاخ شعوب الأرض عن عاداتها وتقاليدها ، وإنما إلى جعل الولاء للإسلام فوق الولاء لهذه الخصوصيات (٢١) ، ويؤكد على ضرورة أن يكون الإسلام هو المهيمن على العادات والتقاليد ، وليست العادات والتقاليد هي المهيمنة على الإسلام٠

وهو يعتقد أن الذين يرفعون شعار " الإسلام ديننا " ويعطون ولاءهم للجنس والقوم ، إنما يخدعون أنفسهم وشعوبهم ، لأن الولاء هو معيار الدين ومعيار التدين ، فمن كان ولاءه لقومه وجنسه ، فقومه وجنسه حلّوا محل الدين ، ولهذا اعتبر شيوع النزعات القومية وانتشارها مؤشرا قويا على ضعف الانتماء الحضاري الإسلامي ، في أوساط الشعوب العربية والاسلامية (٢٢) على حد سواء٠

ثانيا :- ضعف التكافل الإسلامي

ينتقد الغزالي في كثير من مؤلفاته ، تدني مستوى التكافل والتعاضد والتعاون القائم بين الشعوب والدول العربية والإسلامية ، ويعتبر ذلك مؤشرا قويا على تدني مستوى الانتماء الإسلامي (٢٣) أساسا !!

والمجتمع الاسلامي الذي يشكل المجتمع العربي عموده الفقري ، يضم اليوم بين جناحيه دولا متناقضة في إمكانياتها وقدراتها ، المادية والعسكرية والسكانية ، وهذه الدول تفتقر في مجموعها إلى الحد الأدنى من التكافل والتكامل فيما بينها ، فالدول الغنية لا تكترث بالدول الفقيرة ، ولا تمد لها يد العون ، بل وتقوم بتبذير الأموال الطائلة في الشؤون (٢٤) التافهة ٠

والدول القوّية عسكريا ، تسمع وتشاهد المعتدين يجتاحون دولا إسلامية ضعيفة ، ويرتكبون فيها أبشعالمجازر ، ويشردون النساء والأطفال والشيوخ ، ومع هذا لا تحرك ساكنا ، وكأن الأمر لا يعنيها من قريب أو بعيد ، بل ربما تحركت لذلك دول علاقتها بالإسلام وأهله علاقة عداء ، في الوقت الذي تبالغ فيه الدول العربية والإسلامية بالتزام الصمت وتجاهل الأحداث ، وكأنها لا ترى ولا تسمع ٠٠ وينعدم الانتماء الإسلامي أو يكاد عندما تتقاتل الدول العربية والإسلامية المتجاورة ، وتشتعل نيران الحرب فيما بينها ، وتزهق أرواح آلاف المسلمين ، وتهدر إمكانيات هائلة ، لمجرد إيعاز دولة إستعمارية ، أو طمعا في تحقيق أهداف سياسية (٢٥)!!

وكما أنّ هناك ضعفا في التكافل على المستوى السياسي والإجتماعي ، فإنّ هناك ضعفا آخر في نفس المستوى إن لم يزد على الصعيد الإعلامي ، ومعلوم أنّ التكافل الإعلامي هو أبسط أنواع (٢٦) التكافل ، إلاّ أنّ أجزاء المجتمع العربي - وعلى مستوى أوسع المجتمع الاسلامي - تفتقر إليه ، كما تفتقر إلى غيره !!

ووسائل الإعلام في الدول العربية والإسلامية لا تكترث بما يجري في اطارها الواسع من أحداث صغيرة أو كبيرة ، وتكتفي ببعض ما تتناقله وكالات الأنباء ، ووسائل الإعلام الغربية ، دونما تدقيق أو تعليق (٢٧) ، وفي المقابل ترى الصحفي في البلدان العربية والإسلامية ، يرحل مع كامرته آلاف الأميال ، ليتابع لاعب كرة يسجل هدفا ، أو فنانا يؤدي استعراضا (٢٨) وهنا يتجلى مفهوم العجز الإعلامي في

المجتمع العربي والاسلامي ، إنّه عجز في الميادين التي تعكس الانتماء الحضاري ، والهوية الإسلامية أساسا ، أمّا في سائر الميادين الأخرى ، فوسائل الإعلام العربية ، تكاد أن تلحق بالركب ٠٠!

ثالثا:- امتهان اللغة العربية ٠٠وانحطاط الآداب والفنون ٠

الغزالي من الذين يعتقدون أن فصل الشعوب عن لغتها الأم ، طمس لشخصيتها ، وعقبة كبيرة في طريق محاولات تحقيق التنمية (٢٩) المتكاملة ٠

وهو يرى أن الأجيال السابقة من المسلمين كانت أقدر على خدمة اللغة العربية في شتى المجالات والميادين ، والرفع من شأنها بين مصاف اللغات الأخرى ، من الأجيال المعاصرة٠٠٠

وهو يلاحظ اليوم أن اللغة العربية ، انكمشت انكماشا مفزعا في سائر الميادين ، وراجت اللهجات العامية ، وانتشرت المصطلحات الأجنبية ، والترجمات الركيكة ، والكلمات الدخيلة (٣٠)٠

وزيادة على ذلك ، فإن الجهل بها يشيع بين ٨٠ أو ٨٥ % من المسلمين ، وأما الجهل بها في أرجاء العالم فشيء مفزع ، وهي فوق ذلك يصعب عدها لغة عالمية ، مع أنّها الوعاء الفذ للرسالة (٣١) العالمية الكبرى ٠

وهو يرى أنّ الجهات المختصة والمجامع اللغوية القائمة أساسا لخدمة العربية تخاذلت عن تطويرها ، لتواكب تطور العلوم الإنسانية في مختلف الميادين ، فهي شبه معزولة عن علوم الطب والصيدلة والأحياء ، وأغلب فروع الهندسة ، والكيمياء ، وعلوم الفضاء ، والفيزياء ، والآليات والالكترونيات ، والفنون الحربية (٣٢) والعسكرية ٠٠ وغيرها من العلوم المتفوقة في هذا العصر ٠

وكما تمّ إقصاؤها عن الميادين العلمية والتعليمية السابقة ، فإنّه تمّ استثناؤها بنفس الطريقة من الميدان السياحي ، والخدمات الفندقية ، حيث تستعمل الإنجليزية في المشرق العربي ، والفرنسية في المغرب العربي (٣٣)٠

ولم يبق للعربية بعد أن حرمت من هذه الميادين النظيفة والواسعة ، إلاّ أن تتحول إلى وسيلة للتعبير عن أدب فارغ (٣٤) ، أو فن ساقط ، حيث أصبح يتمحور

الأدب العربي المعاصر ، حول الجنس ، والجريمة ، والضحك ، والدعاية للمجتمعات الأوروبية والأمريكية (٣٥) ، أمّا الشعر المعاصر ، فيرى الغزالي أنه تحوّل إلى هراء يسمى الشعر المنثور ، أو النثر المشعور (٣٦) ، وأمسى بلا موضوع ولا مضمون (٣٧) ٠٠٠ وأمّا على المستوى الفني ، فقد انتشرت التمثيليات والمسرحيات والأفلام التي تحكي عبارات السوقة والطبقات الجاهلة ، فتحيي ألفاظا كان يجب أن تموت مكانها ، وتؤذي المسامع باللهجات العامية (٣٨) المنكورة ٠٠

ولم يقتصر الأمر على الحط من شأن العربية عن طريق استعمالها في أدب هزيل وفن سخيف ، وإنّما تجاوز ذلك إلى مهاجمتها من قبل كتاب عرب ، على صفحات صحف ومجلات عربية ، وفي عواصم (٣٩) عربية !

وإضافة إلى ذلك كله ، لوائح الإعلانات في الشوارع العامة ، وأسماء المحلات ، والمعارض التي تكتب بخطوط عريضة ومليئة بالأخطاء اللغوية (٤٠) وكأنّها لافتات ازدراء للعربية نفسها !!

والغزالي يعتقد أنّ هذا التلاقي على امتهان العربية ، يعد مؤشرا خطيرا على ضعف الانتماء الحضاري ، وهو يتألم لهذا الضياع ، الذي وصلت إليه اللغة بين أهلها (٤١) وفي عقر دارها٠!

رابعا :- التبعية التشريعية والسياسية ٠

يرى الغزالي أنّ الدول العربية والإسلامية المعاصرة ، واقعة في تبعية سياسية وتشريعية للدول الإستعمارية ٠ فعلى المستوى السياسي ، انقسمت هذه الدول ، ومنذ عقود من الزمن إلى قسمين رئيسين ، قسم يتبع النظام الأوروبي الشرقي ، وقسم يتبع النظام الأوروبي الغربي والأمريكي !!

والغزالي يعتقد أنّ غالب حكام المسلمين ، مخلصون في إنتماءاتهم السياسية لأحد المعسكرين الكبيرين ، وكثير منهم واهي الصلة بالعقائد والعبادات الإسلامية ، وجلهم إلاّ ما ندر يرفض عودة الإسلام إلى عالم المال والإقتصاد ،

والقانون والعلاقات الدولية والسياسات المحلية ، ويستكثر على الإسلام زاوية العبادات والأحوال (٤٢) الشخصية !!

وهو يرى أنّ العديد من مواقف الفئات السياسية الحاكمة في الدول العربية والإسلامية ، تكاد أن تكون مطابقة لرغبات وميولات السياسة الإستعمارية ، حتى في أدق التفاصيل المحلية ، وفيما يتعلق بالثقافة الإسلامية (٤٣) ، ورجالات الإسلام !!

وأما على المستوى التشريعي ، فالتبعية أكثر تبلورا ووضوحا ، ويضرب مثالا على ذلك بمصر ، ففي عام ١٨٨٣م أسست المحاكم الأهلية ، ووكل إليها تطبيق قوانين العقوبات ، وقد اعتمد الواضعون على التشريع الفرنسي الذي سبق أن استمد عنه محمد علي باشا ٠٠٠ ثم عدّلت قوانين العقوبات سنة ١٨٦٨تعديلا شاملا ، وانضم إلى التشريع الفرنسي كمصدر أول للتشريع ، القانون البلجيكي الصادر سنة ١٨٦٧م ، والقانون الإيطالي الصادر سنة ١٨٩٩م ، والقانون الهندي الصادر ١٨٦٢م ، والقانون السوداني الصادر سنة ١٨٩٩م ، والأخيران مقتبسان من القانون النجليزي (٤٤)٠٠٠

وهكذا استعانت الدول العربية والإسلامية وما زالت بشتى القوانين والتشريعات المختلفة ، متجاهلة بذلك رصيدها العظيم ، ومسيرتها التاريخية الطويلة في إدارة شؤون البلاد ، وتنظيم حياة الشعوب !!

والمشكلة كما يراها الغزالي لا تقف عند حد تجاهل الشريعة الإسلامية ، والتجربة التاريخية الطويلة للحكم العربي والإسلامي ، وإنّما تتعداها إلى استهجان (٤٥) الحكومات وبعض الفئات السياسية الإسلامية ، لمحاولات استرجاع السيادة التشريعية للأمة ، وإن دلّ ذلك التجاهل وهذا الإستهجان على شيء ، فإنّما يدلان على مدى انكماش الانتماء الحضاري للإسلام في العاطفة السياسية لدى الفئات المسئولة !

خامسا :- الضياع الثقافي أو انطماس الشخصية الثقافية

لعل من أبرز صور ومظاهر ضعف الانتماء الحضاري في المجتمع العربي المعاصر ، تلاشي الشخصية الثقافية والحضارية في الإنسان العربي، وضياعه في ثقافات الآخرين، والغزالي يرى أنّ جمهورا غفيرا من أبناء العرب والمسلمين اليوم يتخبطون في هذه الإشكالية ، ويعانون من عدم القدرة على إدراك البعد العقائدي و

الحضاري للقضايا السياسية والإقتصادية والإجتماعية ، والصراعيّة ، المطروحة عليهم ، وينتقد فيهم تعبيرهم الواهي ، وصلاتهم الوهمية والمبهمة ، بمثل هذه القضايا الجوهرية (٤٦)

وهو لا يرفض الإتصال الثقافي بين الشعوب ، بل يعتبره من الضرورات الواجبة لتحقيق التكامل الإنساني ، والرقي المادي والأخلاقي في الحياة ، وذلك عن طريق الاستفادة مما لدى الآخرين في كافة المجالات ، وهذا لا يتحقق على الوجه الأكمل ، إلا بعد تحصين الشخصية الثقافية ، ضد الذوبان في الثقافات (٤٧) الأخرى ٠

فكثير من أبناء العرب والمسلمين الذين اتصلوا بالثقافات الغربية على وجه الخصوص ، كانوا يفتقرون إلى التحصين الثقافي ، ممّا أوقعهم في شراك هذه الثقافات ، فامتزجوا بها ، وأصبحوا يدافعون عنها ، ويقدسون عاداتها وتقاليدها وأنماط حياتها ، ويتعصبون لوجهات نظرها ، في التشريع ، والإقتصاد ، والسياسة ، والإجتماع ، والكون والحياة٠٠٠٠

وفي المقابل يزدادون جهلا بالثقافة الإسلامية ، وانسلاخا عنها ، وازدراء لعاداتها وتقاليدها وأخلاقها (٤٨) ، وتجاهلا لتراثها وحضارتها ، وهذا يؤدي إلى انكماش وتلاشي الشخصية الثقافية ، واختلال الإنفعالات العاطفية والنفسية ، والإستجابات الحسية ، وردود الأفعال الظاهرية ، لدى الإنسان العربي والمسلم عامة ، وفي مثل هذه الأجواء ليس غريبا أن يطفو الولاء للرياضة والفنون على حساب الولاء للإسلام نفسه ، فتجد الجماهير تهتاج لهزيمة رياضي أو انتصاره ، ولا تهتز لها شعرة لتخلف الأمة أو انهزامها ٠٠٠، وموت ممثل أو ممثلة يثير انفعالها أكثر بكثير من موت (٤٩) عالم كبير ، أو إبادة آلاف المسلمين على أيدي أعداء معتدين ٠٠٠!

وهكذا فان انطماس الشخصية الثقافية ، يعد من أبرز مظاهر ضعف الانتماء الحضاري ، وأنّه لا يمكن أن يتحقق إنتماء واضح المعالم ، ما لم يسبقه تبلور كامل الملامح للشخصية الثقافية في عقل الإنسان العربي ووجدانه٠٠٠!!

هوامش القسم السادس

١- مجد الدين الفيروز أبادي / القاموس المحيط / الجزء الرابع /مرجع سابق / ص (١٦٧)٠

٢- ابن منظور / لسان العرب / المجلد الخامس عشر / مرجع سابق / ص(٣٤٢)٠

٣- محمد الغزالي / الغزو الثقافي يمتد في فراغنا / مرجع سابق / ص(٤٧)٠

٤- محمد الغزالي / هموم داعية / مرجع سابق / ص (٧٤-٧٥)٠

٥- محمد الغزالي / صيحة تحذير ٠٠٠ / مرجع سابق / ص (١١٤)٠

٦- محمد الغزالي/الدعوة الإسلامية تستقبل قرنها الخامس عشر/مرجع سابق / ص (١٦٤)٠

٧- محمد الغزالي/ صيحة تحذير ٠٠٠ / مرجع سابق / ص (١٤٤)٠

٨- محمد الغزالي / صيحة تحذير ٠٠٠/ مرجع سابق / ص (١٤٦)٠

٩- محمد الغزالي / دستور الوحدة الثقافية بين المسلمين / مرجع سابق / ص(١٢)٠

١٠- من ذلك قوله :"٠٠ مبعث قلقي أني رأيت الشعور الذي عند اليهودي يقوى ، وعند قومي يخف ، وأن السبت يزداد قداسة ، على حين تتهاوى شعائر الإسلام في أقطار شتى ، وأن القوم يتحدثون عن حدودهم التوراتية ، ونحن لا نعرف آفاقنا القرآنية ، وأن اليهودي يلبس قلنسوة صلاته في أي عاصمة ، ويمضي في شموخ إلى كنيسه ، بينما يتخفف أكثرنا من الصلاة المكتوبة ، وأن التراث عندهم أصالة ، وعندنا رجعية ، اسرائيل عندهم دين وفلسطين عندنا عروبة ٠٠٠!!" سرّ تأخر العرب والمسلمين / مرجع سابق / ص (١٥٧)٠

١١- محمد الغزالي / من هنا نعلم / مرجع سابق / ص (١٢)٠

١٢- محمد الغزالي/الدعوة الإسلامية تستقبل قرنها الخامس عشر /مرجع سابق / ص (٨٤)٠

١٣- محمد الغزالي / هموم داعية / مرجع سابق / ص (١٠١-١٠٢)٠

١٤- محمد الغزالي /الدعوة الإسلامية تستقبل قرنها الخامس عشر/مرجع سابق/ص (١٢٠)٠

١٥- محمد الغزالي/مستقبل الإسلام خارج أرضه ٠٠٠ ؟/مرجع سابق/ص (١٠٧)٠

١٦- محمد الغزالي / هموم داعية / مرجع سابق / ص (٦١-٦٢)٠

١٧- محمد الغزالي / هموم داعية / مرجع سابق / ص (٦٠)٠

١٨- لقد عالج الغزالي هذا الموضوع في غالبية مؤلفاته ومحاضراته ولعل من أبرز مؤلفاته في هذا المجال كتابه / دستور الوحدة الثقافية بين المسلمين٠

١٩- محمد الغزالي / قذائف الحق / مرجع سابق / ص (١٠٥)٠

٢٠- محمد الغزالي / الغزو الثقافي يمتد في فراغنا / مرجع سابق / ص(٢٠٣)٠

٢١- محمد الغزالي / حصاد الغرور / مرجع ساق / ص (٣١)٠

٢٢- محمد الغزالي / هموم داعية / مرجع سابق / ص (٣٨)٠

٢٣- محمد الغزالي / هموم داعية /ص (١٤) وانظر / علل وأدوية / ص (٢١٩ +٢٢١ + ٢٦٣) وانظر / ظلام من الغرب / ص(٢١٤-٢١٥)٠

٢٤- الامثلة على تبذير الاموال الإسلامية في اوروبا وامريكا أصبحت مشهورة ومعروفة ، ويصعب

حصرها وعدها ، ولكن هناك نماذج تنطلي على عوام الناس ، ويظنون أنها مساعدات من أغنياء المسلمين لفقرائهم ، وهي التي يشير اليها الغزالي ، ويذكر منها -عل سبيل المثال - ٠٠٠ تبرع دول عربية غنية لدولة اسلامية ، هي اندونيسيا بمبلغ (١٧,٥)مليون دولار ٠٠٠ وذلك لترميم أحد المعابد البوذية ، والذي يحتوي على (٤٢٢)صنما لبوذا ٠٠ هذا في الوقت الذي لا يجد فيه غالبية سكان اندونيسيا الماء الصالح للشرب ٠٠" انظر محمد الغزالي / الغزو الثقافي يمتد في فراغنا / مرجع سابق / ص (١١٢)٠

٢٥- محمد الغزالي / الإسلام في وجه الزحف الاحمر / مرجع سابق / ص(١٦٧)٠

٢٦- محمد الغزالي / سر تأخر العرب والمسلمين / مرجع سابق / ص(١٨٠)٠

٢٧- محمد الغزالي / الطريق من هنا/ مرجع سابق / ص (١٥٦)٠

٢٨- محمد الغزالي / سر تأخر العرب والمسلمين / مرجع سابق / ص(١٥٥)٠

٢٩- محمد الغزالي / مشكلات في طريق الحياة الإسلامية / مرجع سابق / ص(٧٧)٠

٣٠- محمد الغزالي/الدعوة الإسلامية تستقبل قرنها الخامس عشر/مرجع سابق/ص (١٥٨)٠

٣١- محمد الغزالي/الدعوة الإسلامية تستقبل قرنها الخامس عشر/مرجع سابق/ص (١٧٠)٠

٣٢- محمد الغزالي / الطريق من هنا / مرجع سابق / ص (٣٥)٠

٣٣- محمد الغزالي/الدعوة الإسلامية تستقبل قرنها الخامس عشر/مرجع سابق / ص (١٧٧)٠

٣٤- محمد الغزالي / مشكلات في طريق الحياة الإسلامية / مرجع سابق / ص(٨٣)٠

٣٥- محمد الغزالي / سر تأخر العرب والمسلمين / مرجع سابق / ص(١٦٢)٠

٣٦- محمد الغزالي / حصاد الغرور / مرجع سابق / ص (٧٣)٠

٣٧- محمد الغزالي / مشكلات في طريق الحياة الإسلامية / مرجع سابق / ص(٨٣)٠

٣٨- محمد الغزالي / مشكلات في طريق الحياة الإسلامية / مرجع سابق / ص(٧٦)٠

٣٩- محمد الغزالي / ظلام من الغرب / مرجع سابق / ص (١٠٣)٠

٤٠- محمد الغزالي / مشكلات في طريق الحياة الإسلامية / مرجع سابق / ص(٨٩)٠

٤١- محمد الغزالي / مشكلات في طريق الحياة الإسلامية / مرجع سابق / ص(٣٠)٠

٤٢- محمد الغزالي / الدعوة الإسلامية تستقبل قرنها الخامس عشر/مرجع سابق/ص (١٢١)٠

٤٣- محمد الغزالي/مستقبل الإسلام خارج أرضه ٠٠٠ /مرجع سابق / ص (١٠٨)٠

٤٤- محمد الغزالي / ظلام من الغرب / مرجع سابق / ص (١٧١)٠

٤٥- محمد الغزالي / الغزو الثقافي يمتد في فراغنا / مرجع سابق /ص(٩٥)٠

٤٦- محمد الغزالي / هموم داعية / مرجع سابق / ص (٣٤)٠

٤٧- محمد الغزالي / الحق المر / مرجع سابق / ص (٧٢-٧٣)٠

٤٨- محمد الغزالي / الغزو الثقافي يمتد في فراغنا / مرجع سابق / ص (١٧) وانظر ظلام من الغرب / مرجع سابق / ص(٨٦)+ (٢٢٢)٠

٤٩- محمد الغزالي / الطريق من هنا / مرجع سابق / ص (٨٥) وانظر / حصاد الغرور / مرجع سابق / ص (١١٩)٠

القسم السابع
أسباب ضعف الانتماء الحضاري .

الفصل الاول :- أسباب سياسية

أولا :- تهميش دور الإسلام وتكريس دور العلمانية والقومية ٠

يعتقد الغزالي ان من أهم أسباب ضعف الانتماء تهميش دور الإسلام في المجتمع ، حيث تم فصل الإسلام عن الدولة ، وعن ميادين التشريع والتنفيذ وشؤون الحكم والسياسة والإقتصاد العلاقات الدولية ، (٥٠) وقصره على طقوس وعبادات ومظاهر شكلية لا تمس جوهر الحياة ، ولا تؤدي الدور الايجابي للدين في بناء الإنسان ، وتحديد دوره ، وتقوية انتمائه (٥١) ٠

والغزالي يرى أن الإسلام يكاد يكون في مجتمعاتنا المعاصرة ، إسما من غير مضمون ، أو جزءا من تاريخ مضى ، ولم يبق له علاقة بالواقع القائم ، أو المستقبل القادم ٠٠٠

في حين أن أمورا أخرى ، كالرياضة والفنون ٠٠٠،وهي أمور لا تمس بالضرورة هوية الأمة ، ولا تؤثر بصورة واضحة في وجودها ، تحظى باهتمام أكبر بكثير مما يحظى به الإسلام ذاته على المستويات السياسية والشعبية والاعلامية ، حيث يندر أن تجد صحيفة عربية لا تخصص صفحة أو أكثر للرياضة أو الفن | |(٥٢) ، وكذلك الحال في التلفاز والمذياع ، في حين أن الإسلام الذي يمثل هوية الأمة ، ويحكم مستقبل وجودها لا يحظى الا بكلمات عابرة في مناسبات معلومة ٠٠٠

ولا شك أن قوة أو ضعف التمسك بالإسلام ، تعكس في الجهة المقابلة قوة أو ضعف الانتماء الحضاري لدى جمهور العرب والمسلمين !

والغزالي يرى أنه يصعب ، في ظل تكاتف الاستعمار الخارجي ، والإستبداد الداخلي ووسائل الاعلام المحلية والعالمية ، (٥٣) ضد هيمنة الإسلام على الحياة العامة في دول وأقطار المجتمع العربي ، بلورة الانتماء وتقويته ٠

فالإستبداد السياسي ، أدى إلى تكريس العلمانية وفصل الدين عن الدولة ،

وعزله في الزوايا والمساجد ، وقصره على العبادات والمناسبات ، وفي المقابل عملت وسائل الاعلام والأنظمة على احياء القوميات ، والترويج لها في أوساط الشعوب والمجتمعات (٥٤) ، مما كان له أسوأ الأثر على الانتماء للإسلام ٠

ثانيا :- التبعية السياسية والتخلف الإقتصادي ٠

يرى الغزالي ان تبعية المجتمعات والدول العربية والإسلامية للمجتمعات الغربية الصناعية ، يُعَدُّ سببا أساسا في ضعف انتمائها وضمور شخصيتها الحضارية ٠٠٠

فالإنسان بفطرته ، يغلب عليه الانتماء لمن يمسك بزمام قياده ، ويتصرف بلقمة خبزه ٠٠!

والمتخلفون "٠٠٠ صناعيا وحضاريا ليس لهم أن يغالوا بعقائدهم وشرائعهم ، وليس لهم أن يحتفظوا بمعالم شخصيتهم ، ويجب أن يفتحوا أبوابهم لكل ما هو أجنبي ، وان يتواروا خجلا بكل ما هو قومي أو وطني (٥٥) ٠٠٠"

وهو يرى أن هذه المجتمعات ، هيأت نفسها للتبعية الغربية لمجرد أن تم تأسيسها على غرار الفلسفة الغربية في الحياة ، حيث يكاد يكون بناؤها في كافة المجالات السياسية والإقتصادية والإجتماعية والدستورية والتشريعية مطابقا بنى المجتمعات الغربية(٥٦) ٠٠٠

ولا شك ان بناء المجتمعات العربية والإسلامية على هذا الأساس ، يعد سببا في اضعاف الانتماء الإسلامى من جهة ، ونتيجة لضعف الانتماء أساسا من جهة أخرى ٠٠٠

ثالثا :- سقوط الخلافة وزوال الرابط السياسي بين أجزاء المجتمع العربي ٠

"إن الجامعة أو الرابطة الإسلامية تلاشت سياسيا مع سقوط دولة الخلافة خلال هذا القرن ، وتمخض تفتيت الدولة الكبرى عن عشرات من الدول التي تضم جماهير غفيرة من المسلمين (٥٧)٠٠٠"

وسقوط الخلافة له أسباب متعددة ومتنوعة ، وهي ليست موضوع بحثنا ، الا أن الغزالي يرى أن انفراط عقد الخلافة في حد ذاته كان سببا رئيسا في اضعاف الانتماء الحضاري الإسلامي ٠

حيث أن تمزق الدولة الواحدة ، إلى عشرات من الدول الصغيرة ، جعل في النهاية هذه الدول في متناول الهيمنة الاستعمارية ، على كافة المستويات ، السياسية ، والإقتصادية ، والإجتماعية ، والثقافية ، والتشريعية ، مما جعل قدرتها في المحافظة على هويتها الحضارية ، وتجديد انتمائها الإسلامي ، ضعيفة بحجم ضعفها ٠٠٠

كما أن سقوط الخلافة ترك فراغا أيديولوجيا على المستوى السياسي ، وقد عملت عوامل وجهات كثيرة على إحياء القوميات الضيقة في المنطقة ، لمليء هذا الفراغ ، وتحويل الانتماء من الإسلام ، إلى القوم والأرض والجنس (٥٨)

والغزالي يضيف إلى ذلك كله ، تخاذل العرب عن القيام بدورهم الحضاري والعلمي والسياسي ، في الحفاظ على الخلافة قبل سقوط الدولة ، وتقاعسهم عن القيام بمسئولياتهم في هذا المجال بعد سقوط الخلافة ، فهو يعتقد أن من اخص وظائف العرب ، الحفاظ على الرابطة التي تجمع المسلمين ، على اختلاف أصولهم ومنابتهم ، والعمل على تقوية هذه الرابطة وتجديدها باستمرار (٥٩)٠٠٠

وهكذا يظهر سقوط الخلافة سببا قويا في اضعاف الانتماء الحضاري ، وعاملا رئيسا هيأ الأجواء لعملية تحويل الولاء من الإسلام إلى غيره٠٠٠

الفصل الثاني - أسباب ثقافية وتعليمية

أولا :-الاستعمار الثقافي ٠

يرى الغزالي أن الاستعمار الثقافي ، منشغل منذ قرون طويلة بالهيمنة على العقل الإسلامي والثقافة الإسلامية ، وقد نجح في فترات الضعف الإسلامي ، في تحقيق كثير من أهدافه وأطماعه في هذا الاتجاه (٦٠)٠

وقد هيأت ظروف كثيرة لتَمَكُّن الغزو الثقافي ، لعل من أبرزها التخلف الشامل لدول واقطار العالمين العربي والاسلامي ، وفي المقابل التقدم المادي والعلمي للمجتمعات الغربية٠

حيث دفع التخلف بالكثير من أبناء العرب والمسلمين للاتصال بالمجتمعات الغربية ، بحثا عن أسباب تقدمها ، واسرار رقيها ، الا أن افتقار الاغلبية من هؤلاء للحصانة الثقافية أوقعهم في شراك الاستعمار الثقافي الغربي ، ورجعوا إلى بلادهم يخدمون الثقافة الغربية ، ويحاربون الثقافة الإسلامية ويعملون ما في وسعهم لتحويل انتماءات شعوبهم لغير الإسلام ٠٠٠

والغزالي يرى ان العديد من هؤلاء تبوءوا بفضل الشهادات التي رجعوا بها مناصب عليا وحساسة في كثير من اقطار المجتمع العربي ، وهو يعتقد أن هؤلاء اجتهدوا في "٠٠٠ مساندة الاستعمار الخارجي على افساد معنى التدين ، وخلق جيل يأكل بالإسلام ويعين عليه ، ويصرف عواطف الشعب المؤمن إلى مجال الخرافة والبدعة والجهل ، وكما تضيع مياه النيل هباء في أعماق البحر الأبيض ، لا يستفاد منها في اخصاب ولا اثمار ، تضيع مشاعر الايمان المستكن في قلوب العامة والخاصة ، وتتبخر في فضاء الاستنزاف الثقافي الذي خلقه الاستعمار الداخلي ولا يزال يحافظ عليه ، ليؤدي وظيفته في تثبيط الهمم النشطة ، وتفريغ الانفعالات الحارة ، والميل بروحانية الأمة وتدينها الموروث ، إلى الذل والاستكانة والبلادة (٦١)٠

فالاستعمار الثقافي كما يرى الغزالي خرّب الكثير من العقول والضمائر والأفكار والتصورات ، وخلق أجيالا تستحي من الانتماء لدينها ، وترفض العمل تحت لافتته ٠

ثانيا :- التشوه الثقافي ٠

لاشك أن العلاقة بين الغزو الثقافي والتشوه الثقافي ، هي علاقة تأثير متبادل ، فالتشوه الثقافي يشجع الغزو الثقافي ، ويزيد من فرص نجاحه ، ويمهد له في كثير من الاحيان ، وفي المقابل فأن الغزو الثقافي يعمل بقصد وبغير قصد على تشويه الثقافة المغزية وتعكير صفوها وأصالتها (٦٢) ،بل ويزيد في تركيز هذا التشويه بشكل مستمر ومتواصل ، وكلما أمكنه ذلك ٠

والغزالي يعتقد أن هناك تضافرا في الجهود بين الفن والأعلام في تشويه الثقافة

العربية الإسلامية ، والتنفير منها ، ويضرب مثالا على ذلك بالافلام والتمثيليات التي تسعى بطرق مباشره وغير مباشره ، إلى تشويه أشكال وأنماط الحياة الإجتماعية العربية والإسلامية ، من خلال التصوير البشع لمبدأ تعدد الزوجات ، واسس العلاقات الزوجية والقوانين والتشريعات الإسلامية في هذا الميدان(٦٣)٠

والتشوه الثقافي يسهم في ضعف الانتماء الحضاري ، بطرق واشكال متعددة ، أهمها أن التشوه الثقافي يؤدي إلى طمس الحقائق أو تحريفها بالزيادة أو النقصان ، كما يؤدي إلى اختلاط الأولويات في التفكير ، وفي درجة الأهمية ، حيث تضمر قضايا كبرى ، ويمكن أن تختفي أحيانا ، في الوقت الذي تتضخم فيه مسائل هامشية إلى درجة يمكن أن تطغى فيها على التفكير العام ، كما يزيد التعصب الحزبي والمذهبي ، وتكثر الاجتهادات والصراعات على غير أساس ، ويزداد الاشتغال بالفروع على حساب الأصول ٠٠٠ الخ

ومن خلال ملامح الصورة السابقة ، يتضح مدى تهديد التشوه الثقافي لحقائق الإسلام الكبرى ، التي من ابرزها الأخوة الإسلامية (٦٤) ، حيث يمكن في مثل هذه الأجواء ، ان تعصف بها مسألة فقهية خلافية ثانوية ٠٠٠!

ومثل هذا التهديد ، انما هو في الحقيقة تهديد مباشر لمعنى ومفهوم الانتماء الحضاري في اوساط العرب والمسلمين ٠

كما ان التشوه الثقافي يسهم في عملية اضعاف الانتماء ، عن طريق ابراز الثقافة العربية الإسلامية في صور مشوهة ، مما يجعل قطاعات واسعة من العرب والمسلمين ، تنفر منها ، وتزدريها في صورتها البشعة ، وهذا يجعلها في أحسن الأحوال ل تبالي بالانتماء لهذه الثقافة (٦٥) ، ولا تحرص عليها ٠

وهناك صور عديدة للتشوه الثقافي ، تسهم كلها بطريق مباشر أو غير مباشر في اضعاف الانتماء الحضاري ، بل ربما أدت بعض الصور الموغلة في البشاعة ، إلى اجتثاث بقايا الانتماء للإسلام من نفوس كثير من عوام العرب والمسلمين وجهلتهم ٠٠٠

فالتشوه الثقافي يعد وفق الصور والمفاهيم السابقة ، أداة خطيرة في تقطيع الانتماء ، وتحويله ، واضاعفه في آن واحد٠٠٠!!

ثالثا :- الانبهار الحضاري والفراغ النفسي والعلمي ٠

يرى الغزالي أن من الأسباب الأساسية في ضعف الانتماء الحضاري الفراغ الكبير في العقلية العربية والإسلامية المعاصرة ، حيث يرى أن تصورها للإسلام تصور طفولي وسطحي ، وانه يستقي من عهود الاضمحلال العقلي في التاريخ العربي والإسلامي(٦٦)٠

وقد أدى ذلك إلى نتيجتين اساسيتين ، كان لهما أثر مباشر في اضعاف الانتماء ٠

أولهما :- الممارسات الشاذة ، والسلوكيات الخاطئة في التعبير عن الانتماء للإسلام ، والتي مردها أساسا إلى ألجهل بالإسلام ، وعدم ادراك تعاليمه ، وشيوع الثقافة المشوهة ، ومظهر ذلك كله ، الفراغ الذي أشرنا اليه (٦٧)

ثانيهما :- الانبهار بمظاهر الحياة الغربية ، والضياع في متاهات ثقافة المنتصر (٦٨) ، وهذا يعد بدوره نتيجة للعلاقة الواهية التي تربط العربي والمسلم بثقافته ، وقد ادى هذا الانبهار إلى تكريس عملية الانسلاخ عن الثقافة ، وبالتالي إلى توهين الانتماء الحضاري ، والزيادة في اضعافه٠

رابعا:- اختلال التعليم ٠٠وغياب المؤسسات الثقافية والحضارية٠

يعتقد الغزالي أن من أسباب ضعف الانتماء الحضاري في أوساط الشعوب العربية والاسلامية المعاصرة ، تغييب التعليم الإسلامي الأصيل بإرادة استعمارية سياسية مقصودة(٦٩) ٠

حيث اجتهد الاستعمار الغربي الحديث وعلى مدار العقود التي هيمن فيها على الدول والشعوب العربية والاسلامية في تمرير مناهجه ، وفرض برامجه التي تخدم في النهاية ، فكرة سلخ العرب والمسلمين ، عن مناهجهم وبرامجهم وثقافتهم ٠

ومع مرور السنين ، أصبحت تتخرج الأجيال تلو الأجيال ، تحمل أعلى الشهادات في الطب والهندسة ، والسياسة والاقتصاد ، والاجتماع ٠٠٠ ولكنها مع ذلك كله ضعيفة الصلة بثقافتها ، جاهلة بدينها ، جاحدة لانتمائها (٧٠)

والعجيب أن العديد من هذه الدول والمجتمعات استمرت في تكريس هذه

السياسة الاستعمارية ، والمحافظة عليها ، حتى بعد حصولها على استقلالها السياسي ، وذلك بطرق وأساليب مختلفة ، أهمها ، اقصاء اللغة العربية ، والمناهج الإسلامية في التعليم ، عبر الجامعات والكليات العلمية ، والعديد من المراحل الدراسية العليا (٧١)

حيث كانت نتيجة هذا التظافر بين اللغات الأجنبية والمناهج الغربية ، تخريج أجيال من ابناء العرب والمسلمين ، تعرف عن المجتمعات الغربية ، وعاداتها وتقاليدها وتاريخها وحضارتها ، وجغرافيتها ، أكثر بكثير مما تعرفه عن ذاتها وهويتها وتاريخها ودينها وحضارتها ٠٠٠

وقد ازدادت المشكلة تعقيدا ، بغياب دور المؤسسات العربية والإسلامية الكبرى ، (٧٢) التي كان يفترض فيها رعاية ثوابت الأمة ، وحماية شخصيتها ، وثقافتها ، من عبث العابثين في الخارج والداخل٠

حيث يرى الغزالي أن الأخلاق والدين والانتماء ٠٠٠ قضايا مهددة على الدوام ، وتحتاج إلى رعاية ووصاية ، من طرف مؤسسات مختصة ، مهمتها المراقبة والمتابعة ، والتنقيح والتصحيح ، حتى تبقى هذه الثوابت المقدسة بعيدة عن تشويهات الزمان والإنسان (٧٣) ٠٠٠

الا أن ذلك للأسف لم يتحقق ، فلم تقم مؤسسات مختصة لهذا الغرض ، ولم تستطع حتى المؤسسات الموجودة على قلتها كالأزهر وغيره (٧٤) ، ان تضطلع بشيء من هذه المسئولية ، ان لم تكن قد لعبت دورا سلبيا في هذا الاتجاه٠

وكانت النتيجة ان تضافرت المخططات الاستعمارية ، مع التقصيرات العربية والإسلامية ، في اضعاف الانتماء في النفوس ، وتقطيع أوصاله وبقاياه !!

هوامش القسم السابع

٥٠- محمد الغزالي / من هنا نعلم / مرجع سابق / ص (١٢)٠

٥١- محمد الغزالي / الإسلام في وجه الزحف الاحمر / مرجع سابق / ص(٢٩)٠

٥٢- محمد الغزالي / الإسلام في وجه الزحف الاحمر / مرجع سابق / ص(١٦٥)٠

٥٣- محمد الغزالي / من هنا نعلم / مرجع سابق / ص (١٢)٠ وانظر هموم داعية / مرجع سابق / ص (١٢٧)٠

٥٤- محمد الغزالي / حصاد الغرور / مرجع سابق / ص (٦١)٠

٥٥- محمد الغزالي / الغزو الثقافي يمتد في فراغنا / مرجع سابق / ص(١٥٠-١٥١)٠

٥٦- محمد الغزالي / ظلام من الغرب / مرجع سابق / ص (١٧١)٠

٥٧- محمد الغزالي/الدعوة الإسلامية تستقبل قرنها الخامس عشر/ مرجع سابق / ص (٩٢)٠

٥٨- محمد الغزالي / الدعوة الإسلامية تستقبل قرنها الخامس عشر/مرجع سابق / ص (٩٢)٠

٥٩- محمد الغزالي / الإسلام في وجه الزحف الاحمر / مرجع سابق / ص(١٠٧-١٠٨)٠

٦٠- محمد الغزالي / مستقبل الإسلام خارج أرضه / مرجع سابق / ص (١٠٧)٠

٦١- محمد الغزالي / من هنا نعلم / مرجع سابق / ص (١٣)٠

٦٢- محمد الغزالي / الغزو الثقافي يمتد في فراغنا / مرجع سابق / ص(٤٧)٠

٦٣- محمد الغزالي / الدعوة الإسلامية تستقبل قرنها الخامس عشر / مرجع سابق / ص (١٦٧)٠

٦٤- محمد الغزالي / سر تأخر العرب والمسلمين / مرجع سابق / ص(١٧٧)٠

٦٥- محمد الغزالي / دستور الوحدة الثقافية بين المسلمين/ مرجع سابق / ص(١٩٠)٠

٦٦- محمد الغزالي / الغزو الثقافي يمتد في فراغنا / مرجع سابق / ص(٨)٠

٦٧- محمد الغزالي / الغزو الثقافي يمتد في فراغنا / مرجع سابق / ص(١٤٦)٠

٦٨- محمد الغزالي / هموم داعية / مرجع سابق / ص (٣٩)٠

٦٩- محمد الغزالي / هموم داعية / مرجع سابق / ص (١٣)٠

٧٠- محمد الغزالي / صيحة تحذير ٠٠ / مرجع سابق / ص(١١٤-115)٠

٧١- محمد الغزالي / ظلام من الغرب / مرجع سابق / ص (١٥٨)٠

٧٢- محمد الغزالي / الغزو الثقافي يمتد في فراغنا / مرجع سابق / ص(٩٤)٠

٧٣- محمد الغزالي / سر تأخر العرب والمسلمين / مرجع سابق / ص(١١٠-١١١)٠

٧٤- محمد الغزالي / مستقبل الإسلام خارج أرضه كيف نفكر فيه ؟ / مرجع سابق / ص (١٠٨-١٠٩)٠

توصيات ٠٠ واستنتاجات تتعلق بالجانب الثقافي من الدراسة

١- الثقافة الاسلامية السائدة والمهيمنة على واقع الحياة في المجتمع العربي المعاصر ثقافة مشوهة ، وبعيدة في كثير من مبادئها وتعاليمها عن روح الإسلام والثقافة العربية الإسلامية الأصيلة ، وان المساحة التي غزتها التشوهات في هذه الثقافة ، هي مساحات واسعة ، طالت مختلف مجالات الحياة ، الإجتماعية والسياسية والإقتصادية والكونية والعلمية ، وقد شكل تراكم هذه التشوهات على مدار السنين ، غشاوة سوداء ، طمست على بصيرة الامة العربية والإسلامية ، وهو ما أدى إلى اختلال كبير في الرؤية والفهم والتقييم والاستجابة لدى شعوب هذه الامة ٠

٢-ان تشوه الثقافة العربية الإسلامية له أسباب عديدة ومتنوعة منها أسباب خارجية ، ذات طبيعة قسرية ناجمة عن احتكاكها بغيرها من الثقافاتالإنسانية ، من خلال حركة الترجمة الواسعة التي عرفتها الحضارة الإسلامية في عصورها الذهبية ، والتي لم تكن تخضع لضوابط وقائية ، ومنها أسباب خارجية ذات طبيعة عسكرية ساعدت على الترويج لثقافة المنتصر ، خلال فترات الضعف والتفكك العربي والإسلامي ، ومنها أسباب خارجية ذات طبيعة سياسية ناجمة عن انتقال الخلافة إلى أيدي اسلامية غير عربية ، مما ساعد عل التمكين للثقافات الغازية ، نتيجة ضعف العلاقة بين الطبقة السياسية الحاكمة ، والثقافة العربية الإسلامية الاصيلة ، ومنها اسباب بيئية ناجمة عن البطالة والجهل والوضع في السنة ، واختلاط العادات والتقاليد الموروثة بالمباديء والتعاليم الإسلامية ، واستهانة الشعوب العربية والإسلامية بالعلوم الشرعية ، ومنها أسباب فكرية ناجمة عن انتشار الفكر الصوفي ، والفصل الذهني بين النص والسلوك في واقع الحياة داخل المجتمع العربي والاسلامي ، وتضخيم العالم الغيبي على حساب العالم المشهود ، والحجر على التفكير في المسائل والقضايا المستجدة ، وعدم الالتزام بالتعامل مع مصادر المعرفة الإسلامية حسب أهميتها ، ومنها أسباب عامة مرتبطة بالإستبداد

السياسي والتعصب المذهبي ، والنمو المختل وغير المتوازن في موضوعات الفقه الإسلامي ، اضافة إلى غياب مؤسسات الرقابة الثقافية.

٣- أن ضعف الانتماء الحضاري الإسلامي في نفوس العرب والمسلمين ، يشكل نقطة ضعف أساسية في تشوه الثقافة ، ومظهر من أبرز مظاهر التخلف التي تعاني منها مجتمعاتنا ، كما يعتبر في الوقت نفسه أثرا من آثار التشوه الثقافي.

٤ - برز ضعف الانتماء الحضاري الإسلامي في هذا القرن على وجه الخصوص نتيجة اسباب عديدة ، أهمها ، اسباب سياسية برزت من خلال تهميش دور الإسلام في المجتمعات العربية والإسلامية ، وتكريس دور العلمانية والقومية والاشتراكية .... ، ومن خلال التبعية السياسية والتخلف الاقتصادي ، وهو ما انتهى بسقوط الخلافة الإسلامية ، وزوال الرابط السياسي الذي يجمع بين الافراد والمجتمعات في العالمين العربي والإسلامي ، كما كان هناك اسباب ثقافية وتعليمية تتعلق بفعل الاستعمار الثقافي ، والتشوهات الثقافية ، والتقهقر الحضاري ، واختلال النظام التعليمي ، وعدم تناسق جهود المؤسسات العلمية والثقافية والسياسية ، بل تناقض أدآءات المنظومة المجتمعية بصورة عامة ..!!

٥- أن الثقافة السائدة لها هيمنة مطلقة على سلوكيات الأفراد والمجتمعات ، وانها المسئولة أساسا عن مستوى العطاء ونوعه داخل المجتمعات التي تسودها ، فدور الثقافة في عملية بناء المجتمع والنهوض به ، يحتل المرتبة الاولى بين الادوار الاخرى على أهميتها وخطورتها.

٦ـ ان التشوهات التي ألمت بالثقافة العربية الإسلامية ليست مسئولية جيل محدد ، ولا يمكن القاء اللوم فيها على جهة واحدة ، وانما هي مسئولية تشترك فيها أجيال عديدة من المسلمين ، وجذورها عميقة في التاريخ العربي والاسلامي ، وقد ساهمت في زرعها جهات متعددة داخلية وخارجية ، ومنها ما تم بإرادة مقصودة ومخططات مدروسة ، ومنها ما أوجدته ظروف وملابسات عفوية ، وهذا ما يجعلنا نؤكد على أن تشخيص التشوهات الثقافية ، ايسر من الناحية المنهجية والدراسية ، من عملية حصرها وبيان أسبابها ، فعملية التشخيص تتجلى من خلال محاكاة المعتقدات والقيم والسلوك السائدة في المجتمع العربي بالمرجعية الثقافية الاصيلة لهذا

المجتمع ، وهي التي تتمثل أساسا في المصادر الرئيسية للثقافة الإسلامية ، القرآن الكريم والسنة النبوية ، أما عملية بيان أسباب التشوه فتمتد على طول التاريخ العربي والاسلامي الطويل ، وتتسع لجميع المؤثرات الداخلية والخارجية ، والمقصودة والعفوية ٠٠٠!!

٧- ان التنمية الحقيقية هي التي تنبثق من ثقافة الأمة ، وتنمو في أحضانها ، وأن التجارب والنظريات التنموية ، التي صممت وانشئت لتلبية احتياجات مجتمعات غير المجتمعات العربية والإسلامية ، انما هي نماذج واجتهادات يمكن الاستنارة بها ، والاستفادة من أخطائها ، إلا أنها لا تصلح بالضرورة للتطبيق الحرفي على واقع مجتمعاتنا ٠

٨- ان الوطن العربي والإسلامي يعتبر من البقاع الغنية في مواردها البشرية والمادية ، وان تدني مستوى التقدم الذي استطاع ان يحققه العرب والمسلمون في هذا العصر ، لا يرجع إلى فقر مادي او بشري ٠

بل إن عددا من الخبراء رشح هذه المنطقة كي تكون السلة التي تحوي كثيرا من احتياجات الدول والمجتمعات الإنسانية في السنوات القادمة ، وهذا يؤكد على ان " مشكلة التخلف " في عالمنا ، ليست مشكلة امكانيات مادية ، ولا مشكلة موارد بشرية ، وانما مشكلة تحديات وعراقيل تحول دون تفعيل العلاقة بين الامكانيات والموارد السابقة ، إلى مستوى يكون قادرا على دفع عجلة التقدم نحو الإمام على طريق تحقيق التنمية وبناء الحضارة٠٠، ومن الواضح ان اللون الثقافي هو الذي يطغى على صورة هذه التحديات بأبعادها المختلفة ٠٠٠٠!

٩- ان بعض مظاهر التقدم العربي لا تعكس حقيقة التبعية العربية شبه الكاملة للمجتمعات الغربية والامريكية ، فرغم وجود محاولات للنهوض العربي والإسلامي ، إلا أنها أسيرة التبعية بمفهومها الواسع في مختلف المجالات ،الثقافية والإقتصادية والغذائية والعلمية والتقانية والبحثية والمعلوماتية والعسكرية ، والفنية والسياسية ٠٠٠الخ، حتى أنه بات من الممكن القول أن صورة الازدهار المادي الذي نشاهده في مجتمعاتنا العربية ٠٠ هي صورة استعراضية استهلاكية ، تُبَثّ على شاشة مجتمعاتنا من مراكز حضارية بعيدة ، غير عربية ولا اسلامية ٠ !

١٠- ان الإسلام لا ينسجم مع التشوه الثقافي ، ولا يغذيه وانما يرفضه ويناقضه ، مما يجعل الارتكاز على المباديء والتعاليم الإسلامية الاصيلة ، الوسيلة الاساسية في عملية الاصلاح الثقافي ، والتصدي للتشوهات الثقافية ٠٠

١١- إن الدراسة الأكاديمية للموضوع ٠تظهر مدى التشوه الحاصل في الثقافة الإسلامية ، وهو أكبر بكثير مما يبدو لأصحاب النظرات العابرة٠

١٢- الموضوع له تشعبات كثيرة ، وامتدادات عديدة ، تتطلب بحثا جادا ومستمرا ، واهتماما كبيرا من طرف الباحثين والجهات المسئولة ، ولعل مثل هذا الموضوع بتفاصيله الكثيرة ، يعد البداية الحقيقية على طريق التنمية السليمة والشاملة لبلدان وجتمعات العالم العربي والإسلامي ٠

وهذا يتطلب امورا اساسية أهمها :-

أولا :- الجرأة في نقد ثقافتنا ، وتسليط الضوء على مواطن الخلل والضعف فيها ، فالسكوت على التشوهات الثقافية السائدة باسمها ، سيؤدي إلى مزيد من التخلف ، وإلى اتساع مساحات التشوه ، وربما إلى استعصاء معالجة الثقافة ، من أمراضها ورواسبها !٠٠

٢- الاهتمام بصورة أكبر وأكثر جدية وموضوعية ، بجهود علمائنا وباحثينا الذين منحوا حياتهم وعلمهم ، لخدمة قضايا المجتمع العربي والإسلامي ، وتشجيع هذا الاهتمام في صورة أبحاث ودراسات علمية وأكاديمية لجهودهم وآرائهم على مستوى الجامعات والمؤسسات العلمية العربية ، وتخصيص ميزانيات من طرف هذه المؤسسات والجهات الرسمية للعمل على تجسيد هذا الاهتمام على أرض الواقع ، ولعل هذا التوجه يساعد على وضع حد لإفتتان الدارسين العرب بدراسة الشخصيات العلمية الغربية ٠

٣- إنّ البحث في مسألة تخلف المجتمعات العربية والإسلامية يجب أن يتم انطلاقا من واقع هذه المجتمعات ، وقدراتها البشرية ورسالتها الحضارية ، وثرواتها المادية ، فالتفكير في التنمية ، لا يجب أن يأخذ طابع إسقاطي يستند إلى تصورات نظرية جاهزة ، لا تحترم خصوصية مجتمعاتنا ، ولا بد من الشروع في بلورة أنماط

تنموية ذاتية ... فنظريات ومدارس التنمية الغربية والشرقية ، لا تتلاءم وخصوصية المجتمع العربي والإسلامي الذي يتميز بهيمنة قوية للثقافة السائدة في حياته !!

٤- الاصلاح الثقافي ، المستند إلى الجرأة في النقد والتشخيص ، دون الوقوع في المجاملات السياسية والمذهبية والايديولوجية .. ،وتحديد مرجعية اصلاحية واضحة وثابتة ، تتمثل بالمباديء والتعاليم الإسلامية الاساسية ، المستمدة من القرآن الكريم ، والسنة النبوية ، وما ينسجم معهما من ابداع القافات الانسانية الاخرى .

٥- تقوية الشعور بالانتماء الحضاري ، وتعزيز العلاقة باللغة العربية ، والدين ، والرابطة العربية والإسلامية ، ولعل هذا هو السبيل الوحيد لبناء الشخصية الذاتية المستقلة ، واستيلاد الارادة ، وتقوية مشاعر التحدي .

مراجع البحث ٠

المراجع الأساسية

مؤلفات الغزالي مرتبة حسب تاريخ صدورها الأول ، أما تواريخ الطبع المثبته في القائمة ، فتمثل الطبعات التي اعتمدت عليها في الدراسة ، وأما التي لم يذكر لها تاريخ فذلك راجع إلى الطبعات التي تيسرت لي اثناء انجاز الاقسام المتعلقة بالجانب الثقافي في الجزائر والتي لم تكن تحمل تاريخ الطبع ٠

١ـ محمد الغزالي / الإسلام والأوضاع الإقتصادية / دار الصحوة للنشر/ القاهرة الطبعة السادسة / ١٤٠٧ ـ١٩٨٧ م٠

٢ـ محمد الغزالي / الإسلام والمناهج الاشتراكية /دار الكتب الحديثة /القاهرة ٠

٣ـ محمد الغزالي / الإسلام والإستبداد السياسي / دار الكتب الحديثة / القاهرة

٤ـ محمد الغزالي / الإسلام المفترى عليه بين الشيوعيين والرأسماليين / دار الشهاب للطباعة والنشر / باتنة / الجزائر / عام ١٩٩١ م

٥ـ محمد الغزالي / من هنا نعلم / دار الكتب / الجزائر / ١٤٠٨ هـ / ١٩٨٨م

٦ـ محمد الغزالي / تأملات في الدين والحياة / دار الكتب الحديثة / القاهرة ٠

٧ـ محمد الغزالي / خلق المسلم / دار الشهاب / باتنة / الجزائر / ١٩٨٩م

٨ـ محمد الغزالي / عقيدة المسلم / دار الكتب الإسلامية / القاهرة / ١٩٨٠م ٠

٩ـ محمد الغزالي / التعصب والتسامح / دار التوزيع والنشر الإسلامية / القاهرة الطبعة الأولى / ١٤٠٩ هـ / ١٩٨٩ م

١٠ـ محمد الغزالي / فقه السيرة م دار الكتب الحديثة / القاهره / الطبعة السابعه / ١٩٧٦ ٠

١١ ـ محمد الغزالي / في موكب الدعوة / دارالكتب الحديثة / القاهرة ٠

١٢ـ محمد الغزالي / ظلام من الغرب / دار الاعتصام / القاهرة / الطبعة الثالثة / ١٣٩٩ هـ ١٩٧٩ م

١٣ـ محمد الغزالي / جدد حياتك / دار الكتب الإسلامية / مصر / الطبعة الثانية / ١٩٨٧م

١٤ـ محمد الغزالي / ليس من الإسلام / دار التوزيع والنشر الإسلامية / القاهرة٠

١٥ـ محمد الغزالي / من معالم الحق في كفاحنا الإسلامي المعاصر / دار الشهاب / باتنة / الجزائر /

١٦ـ محمد الغزالي / كيف نفهم الإسلام / دار الكتب / الجزائر /

١٧ـ محمد الغزالي / الاستعمار أحقاد وأطماع / دار الكتب الحديثة / القاهرة
١٨ـ محمد الغزالي / نظرات في القرآن / دار الشهاب / باتنة / الجزائر
١٩ـ محمد الغزالي / مع اللـه / دراسات في الدعوة والدعاة / دار الثقافة / قطر
٢٠ـ محمد الغزالي / معركة المصحف في العالم الاسلامي/ دار التوزيع والنشر الإسلامية / القاهرة
٢١ـ محمد الغزالي / كفاح دين / دار الكتب الحديثة / القاهرة /
٢٢ـ محمد الغزالي / الإسلام والطاقات المعطلة / الزيتونة للإعلام والنشر / باتنة الجزائر / ١٩٨٨م
٢٣ـ محمد الغزالي / حقوق الإنسان بين تعاليم الإسلام وإعلان الأمم المتحدة / دار الكتب الإسلامية / القاهرة ٠
٢٤ ـ محمد الغزالي / هذا ديننا / دار الشروق / بيروت / ١٩٨٧م
٢٥ـ محمد الغزالي / حقيقة القومية العربية وأسطورة البعث العربي / دار الكتب الحديثة / القاهرة ٠
٢٦ـ محمد الغزالي / الجانب العاطفي من الإسلام / دار الشهاب / باتنة / الجزائر ٠
٢٧ـ محمد الغزالي / الدفاع عن العقيدة والشريعة ضد مطاعن المستشرقين / دار الكتب الإسلامية / القاهرة / الطبعة الخامسة / ١٤٠٨هـ /١٩٨٨م
٢٨ـ محمد الغزالي / ركائز الايمان بين العقل والقلب / دار الاعتصام / القاهرة / ١٩٧٣ ٠
٢٩- محمد الغزالي / حصاد الغرور / دار الشهاب للنشر والتوزيع / باتنة الجزائر /١٩٨٦ ٠
٣٠- محمد الغزالي / الإسلام في وجه الزحف الاحمر / دار الريان للتراث / القاهرة / الطبعة التاسعة / ١٤٠٧ هـ - ١٩٨٧م٠
٣١- محمد الغزالي / قذائف الحق / دار القلم للطباعة والنشر والتوزيع / دمشق / الطبعة الاولى / ١٤٠١هـ/ ١٩٩١م٠
٣٢- محمد الغزالي / الدعوة الإسلامية تستقبل القرن الخامس عشر / دار الهدى للطباعة والنشر والتوزيع / عين مليلة / الجزائر / ١٩٨٨ ٠
٣٣- محمد الغزالي / فن الذكر والدعاء عند خاتم الانبياء / دار الاعتصام للطباعة والنشر والتوزيع / القاهرة / ١٩٨٠ ٠
٣٤- محمد الغزالي / دستور الودة الثقافية بين المسلمين / دار القلم للطباعة والنشر والتوزيع / الكويت / الطبعة الثانية / ١٤٠٣ هـ / ١٩٨٣م ٠
٣٥- محمد الغزالي / واقع العالم الاسلامي في مطلع القرن الخامس عشر / دار التوزيع والنشر الإسلامية / القاهرة ٠

٣٦- محمد الغزالي / مشكلات في طريق الحياة الإسلامية / مكتبة رحاب للطباعة والنشر والتوزيع / الجزائر / ١٩٨٩ ٠

٣٧- محمد الغزالي / هموم داعية / دار البشير للطباعة والنشر والتوزيع / القاهرة / الطبعة الثانية /١٤٠٥هـ

٣٨ـ محمد الغزالي / مائة سؤال في الإسلام / دار الكتب الإسلامية / القاهرة /

٣٩ـ محمد الغزالي / علل وأدوية / دار القلم للطباعة والنشر والتوزيع / دمشق / الطبعة الثانية / ١٤٠٨هـ / ١٩٨٨م

٤٠ـ محمد الغزالي / مستقبل الإسلام خارج أرضه كيف نفكر فيه ؟ / دار الكتب / الجزائر / ١٩٨٩ م

٤١ـ محمد الغزالي / قصة حياة / دار الكتب الإسلامية / القاهرة٠

٤٢ـ محمد الغزالي /الغزو الثقافي يمتد في فراغنا / مؤسسة الشرق للعلاقات العامة والنشر والترجمة / عمان / الأردن / الطبعة الأولى / ١٩٨٥ م

٤٣ـ محمد الغزالي / الحق المر (مجموعة مقالات نشرتها مجلة المسلمون) /دار الشهاب / باتنة / الجزائر / ١٩٨٧م ٠

٤٤ـ محمد الغزالي / سرتأخر العرب والمسلمين / دار البعث للطباعة والنشر والتوزيع / قسنطينة / الجزائر / ١٩٨٧ م

٤٥ـ محمدالغزالي / الطريق من هنا / دار الكتب / الجزائر / ١٩٨٦ م ٠

٤٦ـ محمد الغزالي / السنة النبوية بين أهل الفقه وأهل الحديث / دار الشروق / بيروت / الطبعة الأولى / ١٤٠٩هـ ١٩٩١م ٠

٤٧ـ محمد الغزالي / قضايا المرأة بين التقاليد الراكدة والوافدة / دار الشروق / القاهرة / بيروت / الطبعة الثالثة / محرم ١٤١٢ هـ يوليو ١٩٩١ م

٤٨ـ محمد الغزالي صيحة تحذير من دعاة التنصير / دار الصحولة للنشر والتوزيع / القاهرة / الطبعة الأولى / ١٤١٢ هـ ١٩٩١ م

٤٩ـ محمد الغزالي / كيف نتعامل مع القرآن (مدارسة أجراها مع فضيلته الأستاذ عمر عبيد حسنة) / من اصدار المعهد العالمي للفكر الإسلامي / نشر دار الوفاء للطباعة والنشر والتوزيع / القاهرة / الطبعة الأولى / ١٤١٢ هـ ١٩٩٢م

٥٠ ـ محمد الغزالي / المحاور الخمسة للقرآن الكريم / دار الصحوة للنشر / القاهرة / الطبعة الثانية / ١٤١٠هـ ١٩٨٩ م

٥١ ـ عبد الرحمن بن الجوزي / صيد الخاطر / تحقيق محمد الغزالي / دار الكتب الإسلامية / الطبعة الثانية / القاهرة / ١٩٨٨ ٠

المراجع العربية الأخرى

٥٢ ـ الإمام العلامة أبي الفضل جمال الدين بن مكرم بن منظور الأفريقي المصري / لسان العرب / دار صادر للطباعة والنشر ودار بيروت للطباعة والنشر / بيروت / ١٩٥٦ م ١٣٧٥هـ

٥٣ ـ الدكتور ابراهيم أنيس ودكتور عبد الحليم منتصر وآخرون / المعجم الوسيط / بدون تاريخ وبدون مكان طبع .

٥٤ ـ حسن علي مصطفى خاطر / أضواء على الغزو الثقافي للعالم الإسلامي / دار الشهاب / باتنة / الجزائر / ١٩٩٠ .

٥٥ ـ مجد الدين الفيروز أبادي / القاموس المحيط / المطبعة المصرية / القاهرة / الطبعة الثالثة / ١٣٥٢ هـ ١٩٣٣ م .

٥٦ ـ مجموعة باحثين / التنمية المستقلة في الوطن العربي / مركز دراسات الوحدة العربية / بيروت / الطبعة الأولى / ١٩٨٧ م .

٥٧ ـ محمد الليثي / التنمية الإقتصادية / دار الجامعات المصرية / القاهرة / ١٩٧٩ .

٥٨ ـ الدكتور محي الدين صابر / من قضايا التنمية في العالم الاسلامي / المكتبة العصرية / صيدا / بيروت / الطبعة الثانية / ١٩٨٧م.

٥٩ ـ الدكتور عبد الباسط عبد المعطي والدكتور عادل مختار هواري / علم الإجتماع والتنمية (دراسات وقضايا) / دار المعرفة الجامعية / القاهرة / ١٩٨٧ م .

٦٠ ـ الدكتور عبد الحليم عويس وآخرون / الأستاذ محمد الغزالي / دار الصحولة للنشر / القاهرة ١٤١٣هـ ١٩٩٣ م .

٦١ ـ عبد الخالق عبد الله وآخرون / الثقافة والمثقف في الوطن العربي / مركز دراسات الوحدة العربية / بيروت / الطبعة الأولى / ١٩٩٢ م .

٦٢ ـ الدكتور عزت حجازي / التحدي (التنمية والتخلف في الوطن العربي)/ دار التنوير للطباعة والنشر / بيروت / الطبعة الأولى ١٩٨٥ م .

٦٣ ـ الدكتور يوسف الصايغ / التنمية العصية ٠٠٠ / مركز دراسات الوحدة العربية / بيروت / الطبعة الأولى / ١٩٩٢ م.

٦٤ ـ الدكتور نادية رمسيس وآخرون / التنمية العربية :- الواقع الراهن والمستقبل / مركز دراسات الوحدة العربية / بيروت / الطبعة الثانية / أكتوبر ١٩٨٥ م .

٦٥ ـ الدكتور صلاح نامق ، رفعت رشيد / تنمية المجتمع (برامجها ومشروعاتها ومؤسساتها) / قدمت في الحلقة الدراسية التي نظمها مركز سرس الليان بالتعاون مع جمهورية مصر في الفترة الممتدة من ٢٢ أيار ٢ حزيران ١٩٦٢ / حول موضوع (تنمية المجتمع العربي)/ ١٩٦٢ م .

٦٦ ـ الدكتور رمزي علي إبراهيم سلامة / اقتصاديات التنمية / توزيع منشأة المعارف بالأسكندرية / ١٩٨٥ م.

٦٧ ـ الدكتور نادر فرجاني / هدر الامكانية / مركز دراسات الوحدة العربية / بيروت / الطبعة الرابعة / ١٩٨٥ م ٠

٦٨ ـ الدكتور حامد ربيع / القدرات العربية في صراع العمالقة / مجلة المستقبل العربي / العدد الأول / الشهر الخامس من عام ١٩٧٨ م ٠

٦٩ ـ الدكتور إبراهيم العيسوي / قياس التبعية في الوطن العربي / مركز دراسات الوحدة العربية / بيروت / الطبعة الأولى / ١٩٨٩م٠

٧٠-ابو زيد عبدالرحمن بن محمد بن خلدون / مقدمة ابن خلدون / تحقيق علي عبدالواحد وافي / القاهرة / اضافة إلى طبعة دار احياء التراث العربي / بيروت -لبنان ٠

٧١-الدكتور سعد الدين ابراهيم وآخرون / المجتمع والدولة في الوطن العربي / مركز دراسات الوحدة العربية / بيروت / الطبعة الاولى / ١٩٨٨ ٠

٧٢- الدكتور محمد محمود الصياد وآخرون / المجتمع العربي / دار النهضة العربية / بيروت / ١٩٧٠ ٠

٧٣- الدكتور محمود طه ابو العلا / جغرافية الوطن العربي / مطبعة الانجلو المصرية / القاهرة / الطبعة الثانية / ١٩٧٧ ٠

٧٤- الدكتور حليم بركات / المجتمع العربي المعاصر - بحث استطلاعي اجتماعي / مركز دراسات الوحدة العربية / بيروت / الطبعة الثالثة / ١٩٨٦ ٠

٧٥- الدكتور علي فؤاد أحمد / علم الاجتماع الريفي / دار النهضة العربية / بيروت / ١٩٨١ ٠

المراجع الأجنبية

1 -B Higgins / economic devellopment , principles , problems and policies / 1959 .

2 - Blomstrom magnus bjorn hettne / Development Theory in transition :- The   dezpendency debate and beyond :- Third world responses / London / Zed books /1984.

3 -G 0M 0Meir and R0E 0Baldwin / Economic Development /John willey /New York / 4th - ed /1962 .

4- U0N0Economic and Sosial Conucil Adminstrotive co- ornatation 0 Committee Twenteeth Report0 1946

5-G0M0 Meir and R0E 0 Bald win /Economic Development/ John Willey / New York /4th0ed0 1962 /pp (70 -79).

6 -W0A0 Lewis/Economic Development with unlimted suplies of Labour /Manchester Scool /1954 /p 57 .

نبذة مختصرة عن النشاطات العلمية للمؤلف

- محاضر غير متفرغ في عدد من الجامعات الفلسطينية في علم الاجتماع والقضية الفلسطينية ٠
- رئيس المجلس العلمي الفلسطيني منذ عام ١٩٩٦ إلى نهاية عام ١٩٩٨ ٠
- مدير عام ورئيس تحرير موسوعة القدس الشريف منذ العام ١٩٩٩ ٠
- قام باجراء العديد من الدراسات والابحاث حول القدس والقضية الفلسطينية ، والاسرائيليين ، وقضايا المجتمع العربي والفلسطيني ، وتم تحويل عدد منها إلى برامج تلفزيونية ، ومن أبرز هذه الابحاث نذكر /١- الاقصى قصة وتاريخ ٢- البحث عن السراب (دراسة عميقة حول حقيقة الهيكل والقدس في الديانة اليهودية) ٣- المفهوم الاسرائيلي للامن ٤- الاحزاب الدينية في المجتمع الاسرائيلي ٥- مناهج التعليم في المجتمع الاسرائيلي ٦- التركيبة السكانية في المجتمع الاسرائيلي ٧- الصراع الثقافي في الاراضي المحتلة ٨- المناهج الفلسطينية ٠٠ والتساؤلات الكبرى ٩- اساليب الاعتقال والتعذيب في السجون الاسرائيلية ١٠- عرب الـ٤٨ ٠٠ العودة إلى الذات ١١- أوضاع المقدسات الاسلامية تحت الاحتلال ١١- المسجد الاقصى وهيكل سليمان ١٢-الهجمة الاستيطانية على القدس ١٤- أخطار تهدد الاقصى ١٥- اللاجئون الفلسطينيون ٠٠ واقع واشكالات ٠ ١٦- الاقتصاد الاسرائيلي ٠٠ ملامح عامة ١٧- اوضاع التعليم والمؤسسات التعليمية تحت الاحتلال ١٨- اجراءات تهويد القدس ١٩- ظاهرة التدين في المجتمع الاسرائيلي ٢٠- المجتمع بين غياب النقد وسرعة التطور ٢١- المجتمع الغربي والمجتمع العربي ٠٠ اسرار القوة والضعف ٢٢- السنن هي السنن ٢٣- التقدم والتخلف ٠٠ وجهان لإنسانين ٢٤- المعتقدات الخرافية ٢٥- الطفولة ٢٦- مشكلة الفقر ٢٧- التفكك الاسري ٢٨- المرأة العربية ٠٠ واقع وطموح ٢٩- الانبهار الحضاري (الحضارة الغربية) ٣٠- الفقه الاسلامي ٠٠ وقفات وتساؤلات ٣١- مفهوم العبادة ٣٢- الاستهانة بالعلوم الشرعية ٠
- ساهم عام ١٩٩٦ بوضع عدد من خطط المقررات الدراسية في مواد علم الاجتماع لجامعة القدس المفتوحة ٠
- ترأس الوفد الفلسطيني إلى المؤتمر الرابع عشر للأثريين العرب الذي انعقد في الشارقة

بدولة الامارات العربية المتحدة ، خلال الفترة (٢١- ٢٦ / ٢/ ١٩٩٨) ، وقد القى كلمة فلسطين في المؤتمر ٠
- ترأس الوفد الفلسطيني إلى المؤتمر الدولي للباحثين المنعقد في القصر الثقافي الملكي بعمان خلال الفترة (١٩٩٨/١٠/١٣) وقد القى كلمة الوفد الفلسطيني خلال حفل الافتتاح الرسمي للمؤتمر ٠
- شارك في العديد من الفعاليات العلمية في فلسطين والاردن والامارات والجزائر وغيرها ٠
- له العديد من المؤلفات المنشورة في الدول العربية ، أهمها :-
- اليهود (وهو دراسة عن اليهود ، وصفاتهم ، وعلاقاتهم بالمنظمات السرية ، وجرائمهم بحق الفلسطينيين ٠٠) الطبعة الاولى عام١٩٨٦ - وهو صادر عن دار الشهاب للنشر والتوزيع - باتنة - الجزائر ٠
- هذه هي اسرائيل (وهو كتاب يتناول بشكل مختصر بنية الدولة اليهودية وتركيبتها الحزبية ومناهج التعليم فيها) الطبعة الاولى عام ١٩٨٧ - وهو صادر عن دار الشهاب - باتنة الجزائر ٠
التعليم فيها) الطبعة الاولى عام ١٩٨٧ - وهو صادر عن دار الشهاب - باتنة الجزائر٠
- نشأة الدين بين التصور الاسلامي والتصور الانساني (دراسة في علم الاجتماع الديني) الطبعة الاولى عام ١٩٩٠ - وهو صادر عن مؤسسة الاسراء - قسنطينية - الجزائر٠
- مكانة المرأة في الإسلام (دراسة في علم اجتماع العائلة) الطبعة الاولى ١٩٩٠ - وهو صادر عن شركة الشهاب - الجزائر٠
- أضواء على الغزو الثقافي للعالم الاسلامي - الطبعة الاولى عام ١٩٩٠ - وهو صادر عن شركة الشهاب - الجزائر٠
-حواء التي أنصفها الإسلام - الطبعة الاولى عام ١٩٩١ - وهو صادر عن دار الاسراء للنشر والتوزيع - القاهرة - جمهورية مصر ٠
- هكذا يفكر زعماء اسرائيل (نتنياهو ومكان تحت الشمس) دراسة موسعة ومفصلة نشرتها جريدة القدس على حلقات خلال الاشهر الاربعة الاخيرة من عام ١٩٩٦٠
- المجتمع العربي المعاصر (المقومات الانماط الثقافة)- وهو هذا الكتاب٠
- هناك كتب جاهزة للنشر / او تحت الانجاز أهمها:-
- الوجيز في النظام السياسي الاسلامي (جاهز للنشر)٠
- التنمية والمعضلات الكبرى / تحت الانجاز ٠
- على خلفية نشاطاته العلمية والاعلامية حول القدس٠ قامت سلطات الاحتلال بتاريخ ٢٣/٤/٢٠٠١ باعتقاله عن معبر الكرامة اثناء عودته من زيارة عمل الى الاردن٠ ودامت فترة اعتقاله شهراً ونصف٠

Printed in the United States
By Bookmasters